腰を振るだけで-《マイナス》62kg!
怖いくらい
脂肪浄化する

脳幹ほぐし

藤田翔平

エムディエヌコーポレーション

今日も、
ゆっくりダイエット
してますか？

「ダイエット整体師」として、ＹｏｕＴｕｂｅなどで情報発信をしていると
やせられないことに悩む方からたくさんの声が届きます。

「やせたいと思っているのに食欲に負けて結局食べてしまう」

ダイエットに関してダントツに多いのが、こんな悩みです。

我慢できない、食欲に負けた、食事制限と暴飲暴食を繰り返す……。

食べたら太ることがわかっているのに食べてしまう。
これは、頭ではわかっているのに
行動を制することができていないと起こる現象です。
「食べないようにしよう」という意志って、
本能、つまり無意識にはあっという間にくつがえされてしまうんですよね。

ならば、食べないことを無意識でできるようにすればいいのでは？

そう気づいたのが僕自身、体重１２３kgという巨漢だったときです。

食べてしまう日って、だいたいその前日や直前に、

藤田先生の
「はじめに」動画です！

「食欲を促す」行動や感情があったことに思い至りました。
そして、対策をしてみると実際に、何も考えなくても
変な食欲が湧かなくなったのです。
意識して食べないことを頑張るより、
「食べないようになる」ことを無意識にできるようになったら、
そこからやせていくのは決して難しいことではありません。
逆転の発想です。

意識で頑張っていたダイエットから、
頑張らずに無意識でも続けられるダイエットへ。

自然とやせていく生活スタイルに変えていくために、
刺激したいのが「脳幹」です。
脳幹は、脳のなかでも生命活動を司る中枢部位で、
食欲もここでコントロールされています。
つまり、脳幹が正しく機能すれば、

食欲の暴走モードなども抑えられるということ。
脳幹に働きかけるのに、もっとも効果的なのが「行動」です。
行動で脳幹をうまく刺激できると、
自然とダイエットに効果的な生活を送るようになり、
やせやすい暮らし方こそ心地いいと感じるようになります。

脳幹ほぐしには、特別な器具もいりませんし、
お金も必要ありません。
そして、何よりつらい我慢を手放すことができます。

この本は、誰もが本当は実現できるのに、
意外と知らないやせ方をお伝えするための一冊です。

脳幹ほぐしを実践して、
みなさんのダイエット人生に終止符を打ちましょう！

JOURNEY

藤田先生の遍歴

MAX 123kg
食べるの大好き
だった僕

2016年

123kg

ダイエットに
目覚めて…

2018年

85kg

120kg

2017年

2021年
80kg

ちょっと
ストレスで
リバウンド

2020年 75kg

体重をほぼ半減に
誰だって僕のように
なれます！

62
kg

2022年12月

あ〜あ どうして ダイエットって うまく いかないんだろー
ダイエットって 頑張っても 続かないよ〜
今度こそはって 決意したのに…
ズーン
出来ない自分は なんて駄目なんだ…!
くっ…
ちょっと待って！ それって あなたのせいじゃ ないですよ!!
え？
あ… あなたは…!!
ダイエット整体師 藤田先生…!
どーん!
いつも 動画見てます!

ダイエットが続かない…
それは脳幹のせい！
脳幹をうまく使えば…
頑張らなくても
自動的にダイエット
できちゃうんです…！
なに――――！
って…
脳幹ってなんですか？
脳幹というのは
ひとことでいうと
無意識の事です!!
脳幹
＝
無意識
無意識？
例えばあなたが
ダイエットを頑張ろう!!
と決意しますよね
はい
この
「決意する」という行為は
意識的に行うことです

それに対し意識せずに反射的に行っていること…
これを「無意識」といいます
ぽけ〜
心臓を動かすのも脳幹
この「無意識」を行っているのが脳幹なのです
例えば「今日はご飯を減らす！」と決意しても
どうしても我慢できずに食べてしまう事ってありますよね？
はい…いつもです…
これはご飯を減らしたことによって
食べたい… 食べたい… 食べたい…
ピピピ…
脳幹が本能からご飯食べたい！という欲求を出している可能性があります
食欲を抑えられない自分が悪い
ではなく
どうしてそんなに食べたいの？
ごはん少ない！食べないと死んじゃうよ〜
のうみそ
なぜ食欲が無意識から湧き上がってくるのか？の原因を突き止めることが大事なんです

無意識をうまく使って
ダイエットが続かない
理由をなくしていく
それが
脳幹ダイエット
なのです!!
でも具体的に
どうやって
やるんでしょうか?
むずかしそう…
ダイエットの基本は
食事
運動
睡眠
これは変わりません
普段のダイエットに
無意識のコントロールを
プラスするんです
僕は以前
123kg
ありました
Before
えーっ
信じられない…!
糖質
制限
脂質
制限
僕も色々なダイエットを
試しては失敗しての
繰り返しでした

ついつい
食べ過ぎてしまった
ある日
無意識で
行ってしまった
行動の原因を探ることに
しました
なぜ
食べ過ぎて
しまったんだろう？
そういえば
前日晩ごはんを
抜いてしまっていたな
仕事が忙しくて…
思い当たる原因を
突き止め
もう一度チャレンジしてみます
軽くでも…
お腹が空かないように
晩ごはんを
食べておこう
すると…
今日は
沢山食べずに済んだ…！
アハ体験
あーーそうか
原因は
これだったんだ！
パァァァ…

こうして
甘いものを食べてしまった理由は…?
あっそうかストレスのせいだっ!!
色々ダイエットを試していく中でうまくいかない理由をひたすら言語化していきました
うまくいかない理由をなくしていくと
朝、お腹すかないように軽く晩ごはん食べておこう
ストレスを別の形で発散できる準備をしておこう
それが習慣となっていき意識しなくても自然に出来るようになっていきます
その方法で自分に合うやり方が16時間断食だということがわかり1年で50kgの減量に成功しました!
After
すごーい
先生!運動や睡眠にも脳幹って活用できるんですか?
もちろんです!!

寝た状態で
手と足をバタバタさせると
脳幹は無意識に
体の重心のバランスを
とろうとするので
バタバタ
バタバタ
ストレッチも組み合わせると効果的。
自動的に
体幹トレーニングが
出来てしまうし！
脳幹が体幹を動かす
眠気を誘発する行動で
脳幹を刺激することによって
昼15分散歩する
手足にぐっと力を入れはなす
ぐぐぐっ…
ぱっ
あえて寝る前にはちみつをなめる
質の良い睡眠を
取ることだってできます！
でも…
どうしても
失敗してしまうことも
ありますよね…
そんな時は
どうすれば…
そんな時も
脳幹をうまく
使ってみましょう

ネガティブな感情って
感じただけで
太るんですよ！
背すじを6秒間伸ばしてみる
食欲の出る前頭葉をひたすらたたいてみる
トン トン
トン トン
うまくいかないときは
体にきっかけを与えて
脳幹に良い刺激を
与えると気持ちを前向きに
変えることが出来ます！
こうして
ダイエットが続かない理由を
潰していって
1ヶ月で3kg落ちないなら合わない!!
それでも
効果が出ないダイエットは
1か月で辞めてしまいましょう
なるほど～！
わな… わな…
なんだか
今度は
うまくいきそうな
気がしてきました…！
どんどん
脳幹を使って
ダイエットを
自動化しちゃいましょう!!
先生！
もっとくわしく
教えてくださーい！

CONTENTS

PART 1

脳幹ほぐしは、なぜやせるのか？

あなたのダイエットには成功しない理由があります

世の中のダイエットは、体重は落とせてもやせにくい体づくりからは遠のいています

「なにをやってもうまくいかない……」
「どうして自分はやせられないんだろう……」
「頑張れない私ってなんてダメな人間なんだ……」

ダイエットの挫折が続くと、そんなふうに落ち込んでしまったり、できない自分を責めてしまったりする人がたくさんいます。僕のところに相談にくるクライアントさんも、そんな方が実に多く、ダイエットの知識や実践回数は百戦錬磨、達人級なのに、なぜか自分は1キロもやせられないという矛盾。つらいですよね。

僕自身、3年前に123kgという巨漢から現在の63kg、つまり60kgダイエットに

成功するまでは、いろいろなダイエットの失敗の繰り返しです。

そこから、「脳幹ほぐし」に出会って、今の体重まで減量に成功しましたが、この実体験を経てあることに気づきました。

巷にあふれるダイエット法は、体重を落とせるけど、継続してやせやすい体になるわけではないということ。これが、みなさんがダイエットしてもやせられない理由です。

頑張って食事制限をして一時的に体重が落ちても、食事を戻したらすぐリバウンドしてしまう、筋肉が減ってやせにくい体になる……。これでは、本末転倒なのに、このダイエットの罠から抜けられない人がたくさんいるんです。

本当のダイエットは、無理なく体重を適正におさめるための生活が習慣になること。歯を磨くようにダイエットができれば苦になりませんし、苦にならなければリバウンドもしません。

やせるためには続けられること。

これこそが、何にも勝るダイエットの真髄です。

ダイエットの失敗は方法に問題があるのではなく自分の「脳」に向いているかどうかです

　ダイエットが挫折する原因。それは「方法」ではなく、自分に向いているか、いないかにあります。

例えば、糖質制限でダイエットに成功する人もいれば、失敗する人がいます。失敗の原因で多いのが「続けられなかった」ということ。


　世の中のダイエット方法はやせる体づくりとは真逆を行くと先ほどお話ししましたが、方法自体は過激にならなければ決して間違ったものばかりではなく、どれも一理ある、正しいダイエットです。違うのはそのどのダイエットも我慢を強いられるものであるということです。

　意識して何かをするというのは、実は

とっても難しい。「我慢しなきゃと思えば思うほど食べたくなる」、これってダイエットあるあるですよね。

- **我慢する**
- **頑張らなきゃ**

ダイエットが続かない2大要因。意識して行わないといけないダイエットは、やっぱり続けられないのです。

こんな面白いデータもあります。ベジタリアン生活や糖質制限など、さまざまなダイエットを集めて実践し、1年後に何kgやせたかを調べるという研究を行なった研究があります。答え、気になりますよね。

結果は、「どれもやせる」でした。ですから、ダイエット方法にどれが正しい、どれが間違っているはありません。

決めるのは自分の体と心です。

好きなことを減らすか、嫌いなことを増やすか
ダイエットは究極の2択!?

ダイエットをしよう！と思ったときに、まず何を考えますか？

「食べるものを減らそう」
「運動を取り入れよう」

そう考える人が多いのではないでしょうか。これが意識のダイエットの究極の失敗のもと。ダイエットをしたいというくらいですから、ほとんどの人が食べるのが好きで運動が嫌いですよね。僕もそうでした。それなのに、ダイエットをするためには好きな食べることを減らすか、嫌いな運動を増やすかしか方法がない。ダイエットには常にこの葛藤があります。これでは、続かなくて当然です。

もちろん、はじめはモチベーションも高い状態ですから、食事を制限したり、運動をいつもより増やしたりと頑張れるかもしれません。ですが、食事や運動もすぐ

に結果が見えるわけではありませんし、思うようなやせ方ができないことだってあります。こういった見えない現実のなかで、モチベーションを保ち続けるって難しいですよね。

理想は好きなことをしながら、やせること。「無理でしょ?」って思うかもしれませんが、できるんです。

もう好きなことと嫌いなことを天秤にかけるダイエットはやめましょう。

好きなものを減らす…
嫌いなことを増やす…
どっちもムリ!
がくっ

人がやせたダイエットで自分もやせるとは限らない

糖質制限、脂質制限、断食など、ダイエットの手法はたくさんあります。身近な誰かがやせたり、ＳＮＳで話題になっていたりするのをみてトライされる方は多いと思います。

ですが、人がやせた方法が自分に合っているとは限りません。糖質制限をやったけどダメだった、断食も失敗したと、どんどん失敗体験が重なっていくと、ダイエット自体が嫌いになってしまいます。それだけではなくて、「あの人はやせたのに自分ができないということは、私ってダメな人間なんだ……」と自己否定に入ってしまう。それが暴飲暴食を引き起こして、体重増加という悪循環に陥ってしまいます。

あなたの考え方や生活習慣、好きなもの、嫌いなことすべてが同じ人はこの世に2人といません。人が成功したもので自分も成功できるとは限りません。それは、どんな優れたダイエット方法があったとしても同じこと。

PART 1

適切な食事と適度な運動が、万人に共通する正しいダイエットといえるかもしれません。ただし、同じものを食べていても、やはり人によって、太りやすい、太りにくいということが起きますから、完全なダイエットの手法ってないのかもしれませんね。

だからこそ、「手法」に頼らないダイエットが必要です。それが、今回僕が紹介している脳幹ほぐしダイエットです。

やせない理由に気づけばダイエットはうまくいく

ダイエットは方法選びばかりするといつまでもうまくいかない。我慢続きの「意識」を使うものは結局続かない。では、ダイエットはどうすれば成功するのか？

その答えは、「やせない理由を客観的に知ること」です。

僕自身、123kgから最終的に今の体重にまでダイエットを成功させる一番の理由となったのが、〝自分を顧みた〟ことです。

- **どうして食べ過ぎてしまったんだろう？**
- **なぜ、食欲がおさまらないんだろう？**
- **甘いものが好きなのはどうして？**

ダイエットがうまくいかない自分の行動、いろいろ出てきますよね。でも、みなさんはこのときにこういった疑問を、「欲望に弱いから」「自分がダメな人間だから」

で、片づけてしまっていませんか？

何かを我慢できないとき、つまり意識ではどうにもならないときには必ず原因があります。たとえば、お昼に食べ過ぎてしまったと思ったら、その前日の夕飯にダイエットだと無理して食べる量を減らしていなかったか。甘いものに手を伸ばしてしまったのはストレスがあったから、テレビや雑誌で食べ物を見て突然食欲がわいたからなど、意識とは関係ないところにきちんと理由があるはずです。

失敗は成功のもとです。どうしてうまくいかなかった、なぜ食べてしまったのかを意識のせいにしてしまう前に、しっかり原因を突き止めましょう。この原因を見つけて対策を練ることで、きっと我慢していたものが、自然と必要なくなり「だから、ダメだったのか！」というアハ体験に変わります。

こうなったら、こっちのもの。ダイエットを続けるなかでさまざまなアハ体験を重ねていくほどに、やせやすい体づくりができていくはずです。

自分に合ったダイエットを見つける方法

ダイエットで何より大切なのは、自分に合った方法を選ぶこと。これさえ見つけることができれば失敗がありません。そして、そのためには、自分のことを理解することが大切です。

とくにダイエットなど、「頑張らないとできない」という先入観のあるものは、自分に合ったものを自力で見つけるのが難しいもの。知っているようで知らない自分の価値観や優先順位を知ることが、その手助けになります。

そこでおすすめするのが「価値観チェック」です。意外と自分のことって理解できていないもの。自分にとって何が一番大切なのかを知ることで、ダイエットが無理なく自然に行える方法を導き出すことができます。

どれだけ失敗続きでも、何歳からでも、いつからでもダイエットは成功できます！

価値観チェックをやってみよう

STEP 1

次のページのリストを見ながら、自分の重要度に合わせて印をつけていきましょう。

とても重要→ ◎

重要→ ○

重要ではない→ ×

STEP 2

◎をつけたもののなかから、重要度の高い3つを選び、優先順位をつけましょう。

STEP 3

選んだ項目に対して一つひとつ問いかけをして考えてみましょう。

Q1.

その価値観は、自分にとってどのような意味がありますか？

Q2.

その価値観が自分にとって大事な理由はなんですか？

STEP 4

1〜3位の価値観リストは、スマホの待ち受けやメモに残していつでも見られるようにしよう！

価値観チェック
STEP 1

リストを見ながら、自分の重要度に合わせて印をつけていきましょう。

とても重要→ ◎　重要→ ○　重要ではない→ ×

価値観	重要度
起伏の少ない安定した人生を送りたい	
幸せな家庭をいつも夢見ている	
人にプレゼントするのが好き	
人と協力して何かを成し遂げるのが好き	
いつもポジティブな自分でいたい	
健康であることが一番！	
夢よりも現実、理論的に行きたい	
世界や誰かの役に立ちたいと思う	
一人の時間が大切	
大切な人と過ごす時間が大事	
自分に自信を持てるようになりたい	
何でも自分で決める人生が理想	

ダウンロード

価値観	重要度
大きな目標を達成することが喜び	
人や周囲の環境に調和していたい	
人に依存せず自分の力で生きていきたい	
美味しいものを食べたい	
リスクをとっても大きな成果を得たい	
外見に自信を持って魅力的な自分でいたい	
どんなときも助け合える友達がいる	
とにかく遊んで楽しむ人生が好き！	
仕事の充実が人生の充実！	
自分を律することが好き！	
人に喜んでもらうことを実践する	

価値観チェック
STEP 2

◎をつけたもののなかから、重要度の高い
3つを選び、優先順位をつけましょう。

1

2

3

価値観チェック
STEP 3

選んだ3つの項目に対して
一つひとつ問いかけをして考えてみましょう。

Q1. その価値観は、自分にとってどのような意味がありますか？

Q2. その価値観が自分にとって大事な理由はなんですか？

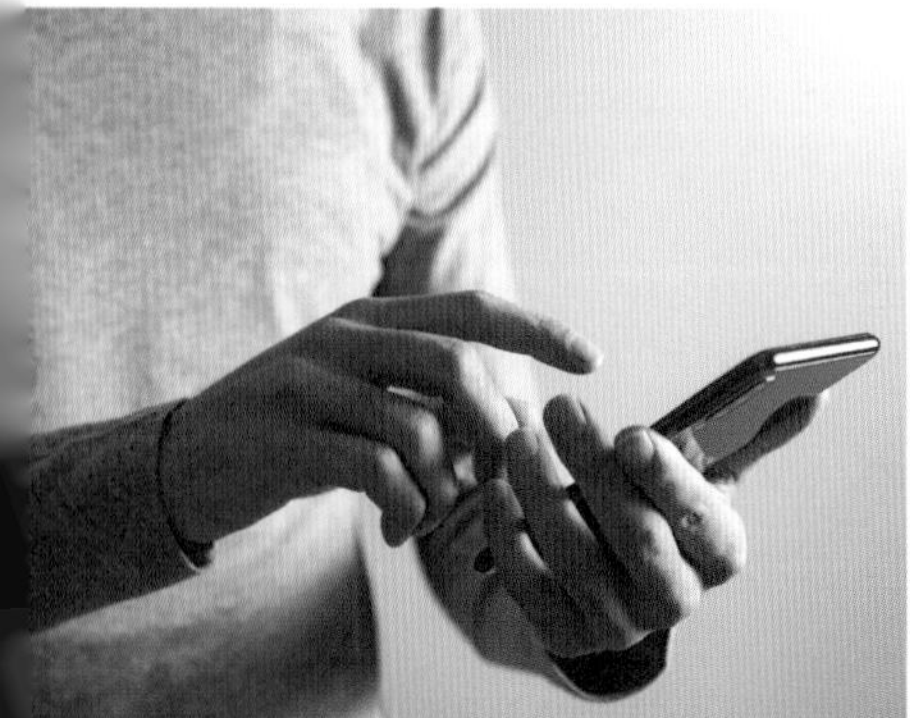

価値観チェック
STEP 4

1～3位の価値観リストは、
スマホの待ち受けやメモに残して
いつでも見られるようにしよう！

藤田先生の場合

1位：一人の時間が大切

Q1.その価値観は、自分にとってどのような意味がありますか？
→ You TubeなどのSNSを配信することが自己肯定感を上げる

Q2.その価値観が自分にとって大事な理由はなんですか？
→ みんなが見てくれることで自信がつくし収入につながる

2位：外見に自身を持って魅力的な自分いたい

Q1.→ そのために一人の時間にできる運動を継続する
Q2.→ 自分自信がやせていることをキープすることが配信を継続するためには大事

3位：美味しいものを食べたい

Q1.→ やせたままをキープすることが大切とはいえ、食べるのは好き
Q2.→ 好きなものを好きなだけ食べる時間を作りメンタルを安定させる

僕の場合は1週間に5日間は食事を気をつけたり運動をするが2日間は運動も休んで、好きなものを食べる日や家族との時間を作るようにするのがダイエットとしてはあっている。僕と同じように自分のことを中心に考えることができている人は「ダイエット」を始める際には「食事」または「運動」などを勝手に習慣にできるようにスタートさせることが大切!

大切にしていることが自分以外の場合

パターン① 族や友人など他人を大切にしている場合

→対人関係によって自分の時間がなかなか作れず疲れが溜まっている事が多い。ダイエットを始める時に食事や運動よりも前に「睡眠」を考え、疲労回復が大事かも？

パターン② 社会的なことを大切にしている場合

→自分よりも周りのことや仕事を重要にしていることでストレスが多い
→ダイエットを始める前に「ストレス対策」を考える必要があるかも？

パターン③ 時間の流れを大切にしている場合

→長期的な目標ばかりに追われていて、身近な目標を見失いがち。
→目標設定のたて方を失敗していることが多い。
例えば1ヶ月で3キロ痩せようと考えるが、いつも途中で挫折する。
→1ヶ月で3キロ痩せようを小分けにする必要あり。
→1ヶ月で3キロ→1日換算すると1日100gでいい
など継続力を身につけやすい方法を考える

ストレスゼロの脳をつくる「脳幹ほぐし」とは？

“頑張る”はもういらない 勝手にやせる習慣づくり

「頑張る」という精神に頼る、「○○ダイエット」という方法に頼るダイエットでは、なかなかうまくいかないとお話ししてきました。では、何をすれば私たちはやせることができるのか。いよいよ本題です。

ダイエットを成功させる、そのキーワードになるのが「脳幹」です。私たちの体は「脳」が司令塔となって、さまざまな活動を行っています。食べることもそうですし、その逆に食べないという選択も脳が行っています。運動も同じですね。動こうと思うこと、実際に体を動かすのも脳からの命令によるものです。

脳幹とは、脳の中枢神経が集まった、脳のなかの最重要部位です。私たちのすべての行動や感情をこの脳幹が司っています。別名「は虫類脳」とも呼ばれていて、脳のもっとも原始的な部分であり、代謝、食欲、体温、筋肉といった生命維持をコントロールしている脳です。

つまり、ダイエットを成功させたいのなら、このは虫類脳がしっかり働くようにスイッチを切り替えればいいというわけです。

どんなに「今日はこれしか食べない」と考えていても、体や心にストレスがあれば、その情報が脳幹に届きストレスを解消するために食欲の暴走モードや、我慢ができない状態になるのです。「我慢しなきゃいけないのはわかっているけど、食べてしまう」。その原因は脳にあります。あなたの自己管理力がないわけでも、欲望に弱いわけでもないので安心してくださいね。

ストレスがかからない状態、頭を使わずに自然とダイエットをすることが可能で、それを実現するのが「脳幹ほぐし」です。

同じモチベーションでも続けられるかどうかは別

同じことをやっていても、人によってホルモンの出方がかわります。それを決めるのが、〝楽しくできているか〟〝やっていてつらいのか〟です。

たとえば、高校で入ったバレーボール部が思っていたより強豪校で練習がつらい。そのなかで、強くなろう、うまくなろうという気持ちは同じでも、監督につらい練習をやらされていると少しでも感じている人と、心の底からバレーボールが好きで本当に上達したいと思っている人では、ストレスのかかり方が違います。

後者は、心から楽しんで目標に向かっているので、脳から「気持ちいい」というホルモンが出ます。うまくなったと感じることが喜びであり、それが継続できる理由でもあります。一方で、やらされていると少しでも感じてしまうと、脳からストレスホルモンが分泌されます。これがあると、上達したいという気持ちよりも、つらさが勝ってしまうので、継続して何かを続けることが難しいのです。

ダイエットも同じですね。やせたいという目的は誰しも同じでも、心からそれを楽しめているか。どこかで〝本当はやりたくない〟と思ってしまうとストレスを感知して、脳幹からダイエットをやめるような指令を出してしまうのです。

よく、本気でやればやせられるという人もいますが、どれだけ本気でもやっぱり我慢やストレスはよくないのです。

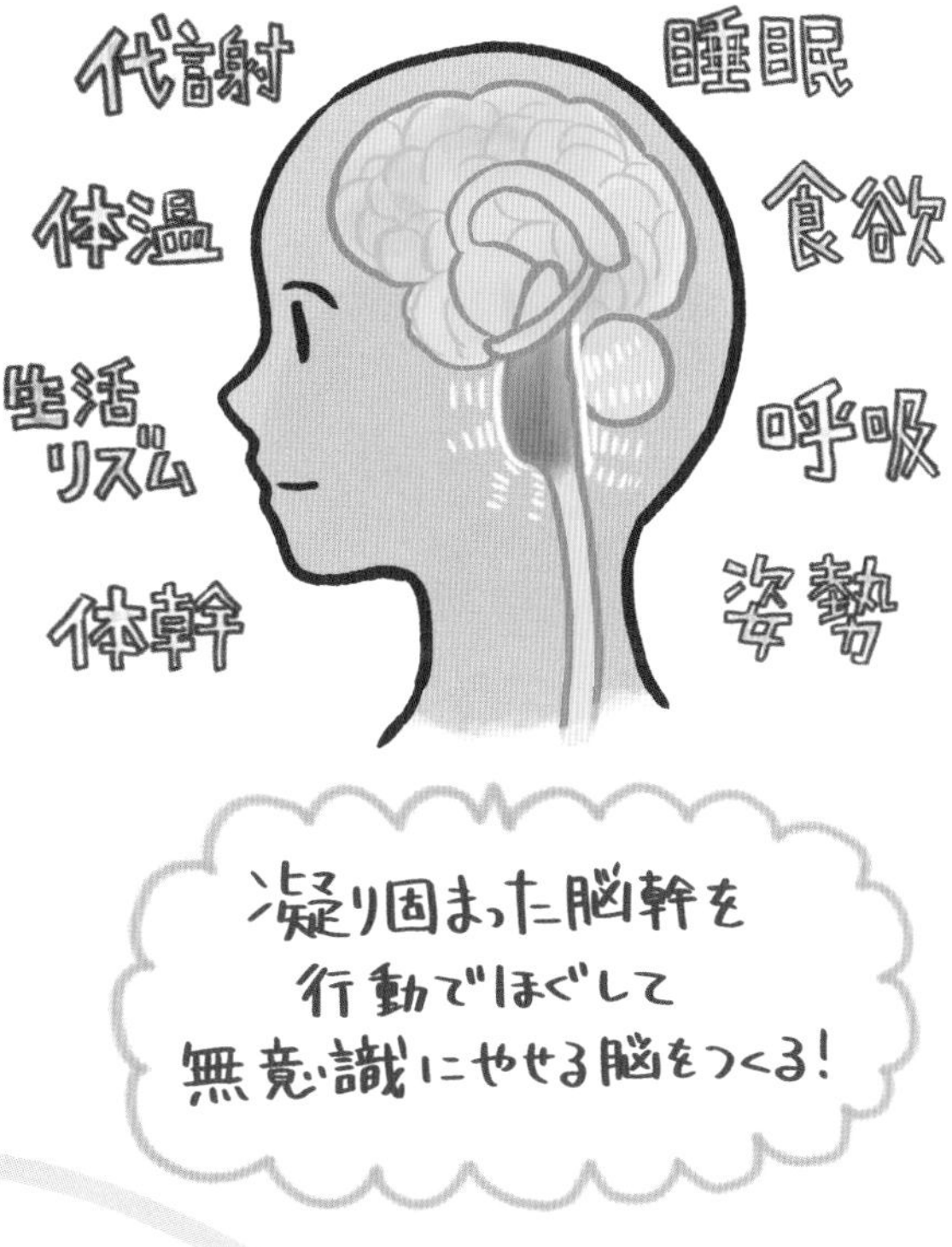

脳幹ほぐしは、「習慣化」で成功する

意識から無意識へ
脳幹を刺激して習慣にする

「勝手にやせる」。そんな夢のようなこと……と思うかもしれませんが、脳幹ほぐしダイエットなら実現可能です。

なぜなら、私たちが考えたり我慢したりせずに、脳からやせる司令がいくようなような習慣が自然と手に入るから。ストレスを感じることもありません。意識しなくても勝手にやせていく習慣を手に入れるのが「脳幹ほぐし」です。

脳幹ほぐしという言葉を聞くと、頭を使ったり、何か体操したりするの？と思う人も多いでしょう。実際、体操を行うことも脳幹ほぐしの一つにあります。これについては第3章でお話しします。ここでは、ダイエットのマインドづくりという意味で、凝り固まったダイエットの考え方をほぐして、勝手にやせる脳幹に切り替える大切さについてお話ししていきます。

脳は体の司令塔なので、行動も脳が司っていますよね。その逆に行動をすることで脳幹が刺激されることがあります。この発想が実はとても大事。そう考えることができると、脳幹ほぐしが、ずっとうまくいくんです。

こんな経験はありませんか？

家の掃除をしなきゃと思いながらダラダラ過ごしていたけど、トイレに立ったついでにテーブルの上のペットボトルを片づけたら、それまでのやる気のなさは何だったのか？というくらいに部屋のあちこちまで掃除をはじめた。または、「ジムに行きたくないなぁ、ちょっとだけトレーニングして帰ろう」と思っていたけど、行ったらやる気が出て結局1時間トレーニングした……など。

やりたくないと思いながらも、ふとしたきっかけで動いたらどんどん動く気持ちになること、よくありますよね。これは、行動を先にしたことで、脳があとからついてきてやる気を引き出しているからです。意識していっぱいやろうとしてもできなかったことが、先にちょっと動くことで達成できるという不思議なしくみですね。

こういった無意識をダイエットに取り込むことが、僕がお伝えしている「脳幹ほぐし」ダイエットです。

糖質制限や運動、資質制限などさまざまなダイエット法も、この無意識を取り入れることで、我慢している意識がなくなり続けやすくなります。

ダイエットを失敗させるのは、「このダイエットがすべて」「これをやらないと」という締め付けの意識です。脳幹ほぐしができるようになると、この締め付けから解放されます。そして、ダイエットが、気持ちいい、楽しいものに。

本来、ダイエットは自分の理想の自分になるためのとってもポジティブな行動です。それに気づく「アハ体験」ができれば、もう半分は成功したようなものです。

脳幹と習慣化の法則を使って ダイエット行動に慣れていく

脳幹にストレスをかけずにダイエットをするためには、無意識で行うこと。それは、何も考えずに自然にその行動をとる習慣にしてしまうことです。

朝起きたら、何も考えずにトイレに行く、水を飲む、歯を磨きますよね。面倒だと思うことはあるかもしれませんが、それが習慣になっていて、行なったあとはすっきりと快適な気持ちになることを知っているので、やめることはありません。ダイエットも同じように習慣にしてしまえばいいのです。

新しいことを習慣にするには、ある程度の時間が必要なことがわかっています。

- **行動習慣……約1か月**

片づけや勉強など、日々の行動の習慣化です。

- **身体習慣……約3か月**

運動やダイエットといった体と向き合い、変えていくこと。

- **思考習慣……約6か月**

ネガティブな考えをやめる、口癖をやめるなど思考に関わること。

このように、習慣化しようと思っても、実際にそれが習慣になるにはある程度の時間がかかります。ダイエットなら少なくても3か月が必要なのですが、方法に頼ったり我慢したりするダイエットだと、意識を使うために脳幹にストレスがかかって、途中で挫折してしまうのです。

もう一つ習慣化を成功するために知っておきたいのが「3の法則」です。これはアメリカの行動分析や行動心理を日本向けにアレンジしたもので、習慣化するためには、まず3日続けて、そこから次は3週間、そして3か月と継続期間を増やすというもの。最初から、3か月続けないと習慣化しないといわれるとハードルが高いですが、まずは3日でいいと思えばちょっと気も楽になりますよね。

ストレスにならない程度にステップを踏むことも大切です。

たとえば、ウォーキングを習慣にしたいと思う人は、ダイエットをはじめる人にも多いでしょう。でも、実際には習慣になる前に挫折する人が圧倒的です。

習慣化の法則や脳幹のしくみをうまく活用しながら行うやり方はこうです。

目標：ウォーキングを習慣にする

STEP①　まずは靴下を履く。

STEP②　靴下を履くのが習慣になったら、ウエアを着てみる。

STEP③　靴下とウエアを着る習慣がついたら、いったん外に出てみる。ゴミ捨てだけでもOK。

STEP④　外に出るのが日課になったら、まずは5分くらいでいいから歩く。

STEP⑤　徐々に自分が心地よく感じる程度で歩く距離を増やしていく。

これはすごく丁寧に段階を踏んだやり方ですが、行動が脳を刺激するお話しをしたように、実際は靴下を履けばウエアも着るか、せっかくウエア着たなら外に出てみようというふうに、気持ちもステップアップしていくはずです。もちろん、無理やりＳＴＥＰを進める必要はなくて、いったりきたりしてもＯＫ。靴下を履くという小さな目標からはじめて、行動が脳を刺激することでさらに次のステップに進み、それが少しずつ習慣になっていきます。

この方法は何か「しない」ということを習慣化するためにも役立ちます。たとえば、お菓子を買わない！と決めても、欲望に負けて買ってしまうことがあります。だから、買ったお菓子をどうするか？に行動を取り入れます。買ったお菓子は、テーブルに置きっぱなしにせずに、いったん棚の奥のしまう、見えないところに収納場所をつくってそこに隠すという行動をプラスします。

すると、いったん視界から消えて、食べようと思っても出すのが面倒だからと食べず置きっぱなしになったり、うまくいけばすっかり買ったのを忘れてしまったりという状態にもっていけるのです。

無意識を意識かすると
アハ体験につながり習慣化できる

アハ体験とは、何かに気づくことで脳が活性化する瞬間のこと。その代表的な例とされるのが、かの有名なニュートンが木から落ちるりんごを見て、万有引力を発見したというエピソードです。今まで理解できなかったことが、ある瞬間に突然理解できたり、答えにたどりついたりすることをアハ体験といい、ひらめきにも近い感覚です。

無意識と意識がつながった瞬間も、このアハ体験に近い状態です。アハ体験をした瞬間に脳が一気に活性化されて、繰り返すことで脳の神経細胞が発達して、やる気の向上にもつながるとされていますから、アハ体験をして気づきを得ていくことが、無意識で勝手にやせていくダイエット習慣を手に入れるためにはとても大切です。

身近な行為でいえば、メモをとるということ。人の話を聞いたり、外から得たりした情報をメモしながら、そこに自分が感じていたことを加えていきますよね。これによって、「あ、これってこういうことだったのか！」「こうかもしれない！」というひらめきにつながります。

ですからダイエットに関するメモもおすすめ。食べたものを記録するレコーディングダイエットとはちょっと異なり、そこにそのとき感じていた感情や行動などもメモしていくのです。そうすれば、たとえば「食べ過ぎてしまったな……」というときにも、メモを見返せばそこに昨日の感情が書かれていて、「あ、私、昨日忙しくて夕飯を適当に済ませていたんだ……」と、原因に気づくことができます。原因がわかれば、食べ過ぎたことに過剰に落ち込むこともなくなりますよね。

そして、きちんと食事をとった次の日には、やはりお腹が空かずに暴飲暴食しなかったことに気づくと、「やっぱり食事はしっかり食べないとダメなんだ！」というアハ体験ができるようになります。藤田流のレコーディングダイエットについては、120ページで詳しく紹介しますので、そちらを参考にしてください。

もう一つ、無意識の脳を活性化させるのが「自分で決めること」。人に決めてもらうと、どうしてもやらされている感覚になってしまって長続きしません。僕のダイエットコースでも、いくつかあるダイエットメニューからご自身で選んでもらうことにしています。

自分が普段しているダイエットの考え方や行動のなかで、ぜひたくさんのアハ体験を経験して、やせる習慣を身につけていきましょう。

最大のアハ体験は「ダイエットがつらくない！」

僕が、60kgのダイエットに成功した大きな理由がこのアハ体験を繰り返したこと。そして、たどり着いたのが「ダイエットはつらくない」というアハ体験です。

みなさん、ダイエットをしようと思った本来の目的をここで思い出しましょう。体重を落としたい、素敵に洋服を着こなしたい、健康で長生きしたい……どれもとても素敵でポジティブな目標です。それなのに、実際のダイエットはとてもつらくて、素敵な目標を諦めなければいけないほどって何だかおかしいと思いませんか？ダイエットの過程は、楽しく無理なく過ごすべきです。そして、それを実現するのが「脳幹ほぐし」による無意識ダイエットです。

ダイエットがつらくないということがわかれば、自然とこれまで失敗していたダイエットとの向き合い方が変わります。食事制限だってストレスにならない程度で無理なく習慣のなかに取り入れる方法を見つけることができるようになります。

脳細胞は、およそ1か月で新しくなります。1か月、トライ＆エラーしながらアハ体験と習慣化を重ねることで、失敗続きだったダイエットはもう終わりです！

意識
無意識
なんで今日食べすぎちゃったのかな…
あ、昨日ダイエットのために糖質を抜いたからだ!

「食事」「運動」「睡眠」で
ダイエットの歯車を回そう

ダイエットのスタートは食事からが結果早い

ダイエットの成功は自分がもっともストレスなく習慣化できる方法を選ぶことが一番大切ですが、基本的に食事からスタートしたほうがやせやすいという面があります。これはシンプルなことで、運動より食事のほうが、結果が見えやすいから。たとえば1時間ウォーキングしたとしても消費できるカロリーは200～250キロカロリー程度。スナック菓子なら1袋にも満たないカロリーです。

とくに標準体重を大幅にオーバーしている人が、標準体重に近づけたいというのならまずは食事から取り組むのがおすすめです。

運動は基礎代謝アップできるのが魅力

運動が大好きなので、運動量を増やすほうが合っているというならそちらを選んでももちろんOK。運動自体がダメなわけではありません。運動のメリットは、筋トレによって代謝がアップして、やせやすい体づくりができるということです。

その逆に、運動嫌いの人がいきなり激しい運動をすることは、挫折の原因になりますし、場合によっては体を痛めることにつながることも。こと、ダイエットにおいては「気合い」は通用しません。

体重を落としたいというよりは、太りにくい体になりたい、体を引き締めたいという人は、運動を積極的に取り入れることで、目標が叶いやすくなります。

眠れていない体では、やせられない！

睡眠を調節しているのは脳幹です。つまり、脳幹が健康な状態でないと、睡眠の質も下がり、ダイエットにも悪影響を及ぼします。

一見、因果関係がなさそうに思えますが、睡眠は体だけではなく脳も休息させて、情報の整理整頓を行う時間です。睡眠がきちんととれていないと休息や情報整理がスムーズに行われずに、本来は燃焼されるべき脂肪も蓄積され、さらに、食欲の乱れも引き起こします。

脳幹ほぐしでやせるには、まずは脳幹が健康な状態、すなわちよい睡眠をとることがとても大切なのです！

ダイエットのもったいないを解消して効率よくやせる！

基礎代謝アップは筋肉だけじゃたりない！

基礎代謝とは、人が生命活動を行うための最低限のエネルギーです。私たちは、体を動かしていなくても、体温の維持や心臓を動かす、呼吸を行うなど、生きていくための活動を行っています。つまり、基礎代謝が高い＝太りにくい体をつくりやすい状態といえます。ダイエットするときに、基礎代謝を高めようというのは標語のようにもなっていますね。

ではこの基礎代謝をどう上げていきますか？という問いには「筋トレ」と答える方が多いと思います。

確かに、筋肉を鍛えることで基礎代謝量はアップしますが、実は筋肉量を上げるだけでは不十分、というかちょっと「もったいない」というのが本当のところです。

左のグラフは、基礎代謝の内訳です。筋肉（骨格筋）は、全体のなかで22％と一番多いことがわかります。基礎代謝を上げるなら筋肉を鍛えようという法則はここからきています。

でも、グラフをよく見てみてください。骨格筋と同じように20%を超えるものが2つあります。「肝臓（21%）」と「脳（20%）」です。筋トレすれば、基礎代謝が上がるというのは正解なのですが、全体でみれば20%。肝臓や脳といった、基礎代謝の割合の多くをしめるほかの場所が健康的に機能していることも一緒に考えてあげることで、基礎代謝量は効率的にアップすることができます。筋トレばかりではなく、内臓の健康もダイエットには欠かせないのです。

安静時の代謝量

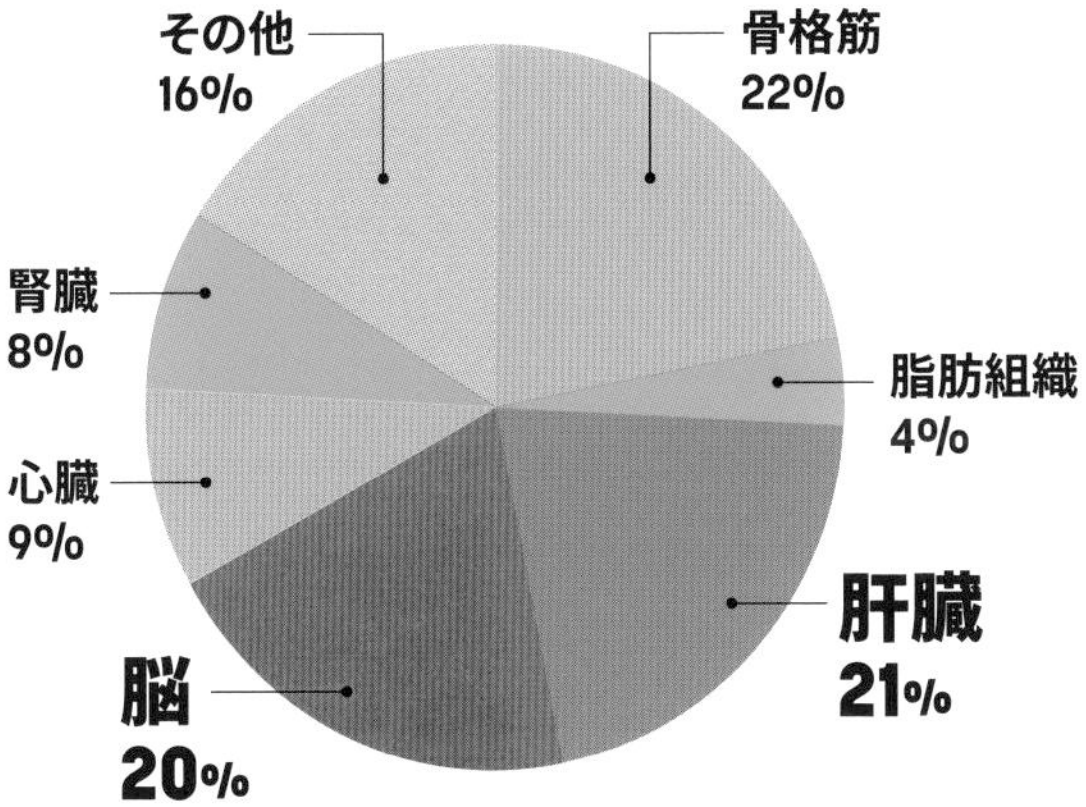

厚生労働省e-ヘルスネット「ヒトの臓器・組織における安静時代謝量」
（糸川嘉則ほか 編　栄養学総論 改定第3版　南江堂, 141-164, 2006.）

ダイエットは押してダメならひいてみる。3日坊主でもOK！

我慢が続く、つらいダイエットは続かなくて当然です。だから、もしダイエットの挫折が続いているという人でも、あなたが悪いわけではありませんから、安心してくださいね。

物事を習慣化していくには、ある程度の日数が必要です。なので、もし何か食事や運動などダイエットに関する習慣をはじめたときは、できれば1週間、10日と続けるのが理想ですが、もし合わなければ3日でやめたっていいんです。そのくらい、ある意味、移り気でいい。世の中にはたくさんのダイエットのやり方があって、必ずあなたに合ったものが見つかるはずです。

ダイエットを続けていくなかでも小さな失敗はあって当たり前です。今ちょっとダイエットをする余裕がないなというときはお休みしたって構いません。1日食べ過ぎてしまったくらいで、「また失敗しちゃった……」なんて落ち込む必要もなし。心がついていかないダイエットは、無理を重ねるだけでいつか爆発してしまいます。

大事なのはダイエットを嫌いにならないことです。

これまでにもお話ししてきたように、嫌なことを続けていると、脳幹にとっては非常にストレスとなり、継続自体が難しいだけではなく、逆に食欲を暴走させるなど、悪影響を与えかねません。ダイエットは押してダメならひいてみていいんです。トライ＆エラーを繰り返しながら、習慣化できるものを自分のなかに取り込んでいくことで、頑張らない自分流のダイエット方法が見つかるはずです。

ダイエットはゆるく、楽しくがモットーです！

COLUMN

藤田先生が解説！

ここに注意

制限ダイエット

“何かを食べないという選択は長く続けられない一番の原因”

　ダイエットをしようと思い立つと、まず食べる量を減らす、これは食べないなどなど、食べることを制限しようと考える人が多いのではないでしょうか。もちろん、太ってしまった原因にはそれまで食べていたものが影響していますから、食べる内容については見直すべきテーマの一つですが、いきなり「糖質をとらない」「脂質を減らす」「夕食を抜く」など、それまでまったく制限していなかった食事をいきなり厳しく管理するというのは、挫折の原因になります。

　とくに減らしがちなのが、糖質と脂質ですね。でも、これには向き不向きあります。たとえば糖質制限は筋肉が減りやすいので、運動習慣がなかったり、筋肉量がもともと少なかったりする人はどんどん筋肉が落ちてしまいます。普段あまり動かないなら、糖質をしっかりとって脂質を減らすほうが向いています。逆に普段から動いている、仕事も活動量が多い人は脂質をしっかりとって糖質が少なめのほうが空腹を感じにくいでしょう。どちらもたんぱく質はしっかりとるのが基本です。脂質を減らすなら「和食」を心がければOKです。

　ただ流行っているからではなく、自分の体質や生活スタイルに合わせて選ぶようにしましょう。

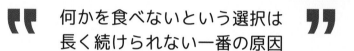

PART

2

MEAL

食事編

習慣化でやせる！

食事はダイエットの基本であり、
食欲とどう向き合うかは永遠の課題です。
ここでは、無理なく自然とやせる食習慣の手に入れ方、
ストレスのかからない食べ方のポイントをお話しします。

やせない体のはじまりは「隠れ脂肪肝」にあり！

食事でやせるために知っておきたいコツ

食事でダイエットをする際、ただやみくもに食べ物を変えたり、減らしたりする前にいくつか知ってほしいことがあります。それは、体の太るしくみや、栄養に関すること。こういったことを頭で理解しながらダイエットを行うことで、やっていることと結果が結びついて、無意識と意識がうまくつながり、習慣化しやすくなっていきます。

まず、知ってほしいのが肝臓について。「脂肪肝」をご存じですか？　肝臓に脂肪がついて大きくなってしまうことで、アルコールをたくさん飲む中高年の男性に多いという印象があるかもしれません。でも、実は若い人にも脂肪肝は多いですし、やせている人でも脂肪肝の人がいます。

ダイエットでなぜ肝臓なのか？　それは、肝臓が健康でないと、体はどんどん太りやすくなってしまうからです。

肝臓は、右の肋骨に守られるように存在している臓器で、体重の1／50ほどの質量のある最大の臓器です。


肝臓にはおもに3つの働きがあります。

- **栄養の貯蔵**
- **有害物質の解毒と分解**
- **食べ物の消化に必要な胆汁の合成と分泌**

私たちが食事から摂取した糖質は、グリコーゲンとして肝臓に蓄えられ、夜の間に血中にエネルギーとして放出されます。不要になった老廃物は、静脈を通って肝臓へと戻されて胆汁になって排出され、老廃物のうちの一部は、再び吸収されてエネルギーに再利用されていきます。

肝臓は脂肪にとって預金通帳のようなもの。栄養素を溜めたり、出したりするサイクルの中心にあります。
この肝臓のエネルギーサイクルのなかで、使いきれなかった糖分や脂肪酸は中性脂肪やグリコーゲンとなって肝臓に蓄えられます。これがどんどん溜まっていくと脂肪肝になるのです。貯金もあまり溜め込みすぎるのはよくないのと同じですね。

脂肪肝になる原因の一番の理由は肥満です。内臓の脂肪量と肝臓の脂肪量は比例していますから、太っている人ほど肝臓にも脂肪がついている状態になるのです。そのほかに、血糖値をコントロールするインスリン抵抗性が高くなることもあげられます。これらは糖尿病や脂質異常症など、生活習慣病を引き起こす要因にもなってしまいます。

肥満などで脂肪肝になるのは、言ってみれば食べ過ぎが原因。では食べなければ脂肪肝にならないかというと、そうではありません。極端な食事制限ダイエットをすることでも「低栄養性脂肪肝」という脂肪肝になることがあります。
脂肪肝になると、肝臓の機能が落ち、脂肪酸の燃費も悪くなるためやせにくく太りやすい状態に。さらに、肝臓は体の右側にあるため、脂肪肝になって肝臓のサイズが大きくなると、体がバランスを崩して姿勢が崩れて腰痛などを引き起こす原因になります。脂肪肝が原因での腰痛は、いくら整体にいったところで根本的な解決ができません。腰や背中の痛みが何をやってもよくならないうえに、肥満傾向があるようでしたら、もしかしたら「脂肪肝」がその原因になっているかもしれないのです。

ダイエットを習慣化して健康的にやせていくには、肝臓を健康にしていくことを忘れてはいけないのです。

肝臓は脂肪の貯金場所

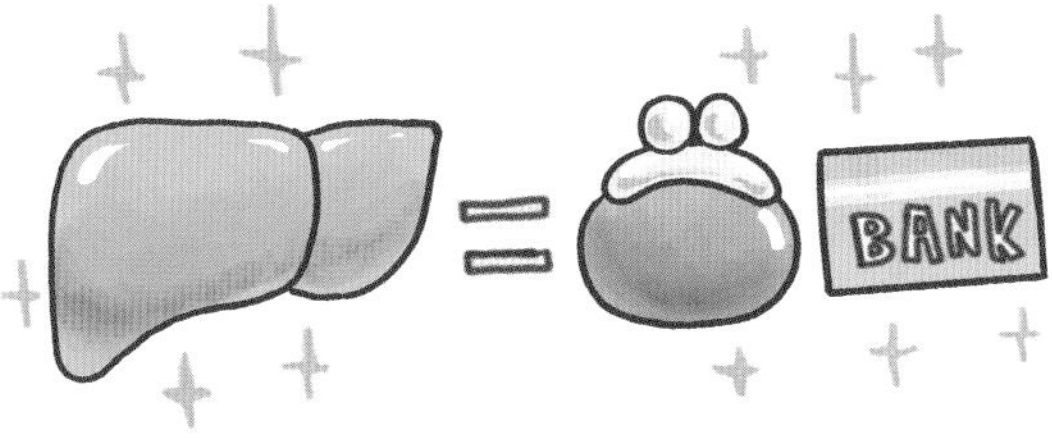

使いきれず、溜め込み過ぎると悪影響が起きる！

「糖質」「たんぱく質」「脂質」の役割

私たちの体のエネルギーとなるのが、「糖質（炭水化物）」「たんぱく質」「脂質」。3大栄養素とも呼ばれていますね。

人間の体は、この3大栄養素のうち糖質から変換されたブドウ糖をおもなエネルギー源として活動しています。ブドウ糖がなくなると、次に使われるのが脂質です。糖質制限ダイエットは、糖質の摂取量を抑えることで脂質を優先的に使うことで、体重を減らすことを目的にしています。そして、脂質の蓄えもなくなったときに使われるのがたんぱく質です。よく糖質制限をはじめ激しい食事制限は筋肉を減らすといいますが、それはたんぱく質がエネルギー源として使われているからです。

とくに糖質や脂質はダイエットの敵と考えている人が多いかもしれませんが、それぞれ体にとって重要な働きをしています。たとえば、糖質は一番効率のよいエネルギー源ですから、不足すると疲れやすくなったり、脳の活動にも影響を与えたりします。脂質は、細胞膜やホルモンの構成成分、たんぱく質は髪や爪、筋肉だけではなくホルモンや免疫物質の原料となります。どれも、体にとってなくてはならない栄養ですから、まったくのゼロにするというのはとても危険なことなのです。

また、細胞の視点でみると、こんな役割になります。

- **脂質は細胞をつくる**
- **糖質は細胞のなかの水分**
- **たんぱく質は細胞を運ぶ**

一つの細胞が活動するうえでも、3大栄養素は欠かせません。

こういった体のしくみを理解すれば、3大栄養素を過剰に制限するダイエットがいけないことがわかりますよね。さらに、これらが不足すると、どんな不調が起こるのかという理解も進むので、無意識でダイエットの質が上がるようになっていきます。

糖質・たんぱく質・脂質の働き

食べ物を制限したくない人におすすめ 僕もやせた！ 16時間断食

16時間食べないだけで体重がぐんぐん落ちる

僕が、１２３kgからのダイエットに成功したとき、最初に行ったのが「16時間断食」でした。

その名前の通り、１日のなかで16時間だけ断食する、つまり食事を抜くというものです。16時間も食べないと聞くと、「そんなの無理！」と思うかもしれませんが、この16時間には睡眠も含まれています。７時間眠るとすれば、起きている間で食べない時間は９時間程度。気持ちが楽になりませんか？

16時間断食のスケジュールは、69ページのグラフにも記載していますが、たとえば朝を抜いて昼を12時に食べたとしたら、夜は８時までに食事をすませるというスケジュールです。夜を抜く場合は、朝８時に食べたとしたら夕方は16時までに食事を終えます。もちろん、時間は一例ですので、ご自身の生活リズムに合わせて、8時間の食べる時間と16時間の食べない時間を決めてください。

16時間断食の最大のメリットは、食べる時間こそ制限しても食べる内容は好きにしていいということです。「8時間は食べていいなら、無理に食べて逆に太りそう」と思う人もいるかもしれませんが、実際にやってみると8時間という時間のなかでそれほどの量はなかなか食べられないと気づくはずです。もちろん、16時間断食をしながら、食事の質にもこだわればさらに効率がよいですが、そんなにけいきなりはじめるとハードルが高すぎて挫折の原因になってしまいます。

僕自身もいきなり16時間断食がスムーズにできたわけではなく、まずは朝食の量を少しずつ減らすことからスタートしました。僕の場合は朝を抜くスタイルで、おにぎり2個を1個に、慣れたら今度はスムージーにと徐々に減らして、朝はコーヒー1杯の習慣がつき、今も継続しています。

朝食を食べないとその時間を別のことに使えるので、朝にゆとりができるようになりました。「朝ごはんを食べなくても体に影響はないし、朝ゆっくりできる時間が増えた！」というのもアハ体験となりましたね。

16時間断食は脂肪肝を解消して健康な体をつくる

なぜ16時間断食がいいのか。それは、肝臓が元気になるからです。肝臓は私たちが食事から摂取したエネルギーを蓄えて必要に応じて血中に放出します。16時間空腹が続くと、まずは肝臓に蓄えていた糖質が消費されてなくなります。すると、次に脂肪がエネルギーとして使われていきます。そのため、肝臓に溜まっていた余計なエネルギーがしっかり処理されるので、脂肪肝の予防や改善につながっていきます。

そしてもう一つ、16時間断食のメリットとなるのが「オートファジー」です。これは、古くなった細胞が自ら生まれ変わるという体のしくみで、オートファジーによって細胞や組織・器官の機能が活性化して健康な体になっていき、自然とやせやすい健康な体がつくられていきます。

食べ物が入ることによる消化管の働きすぎも抑えられるので、腸内環境にもいい影響を及ぼします。

最初から１００点を目指さなくてもＯＫ。もし、途中で何か食べてしまっても、切り替えて翌日から16時間断食をしていけばいいんです。

あれは食べてはいけない、これを食べるようにしようなど、意識して食事内容をコントロールするのが難しい人は、ぜひ一度トライしてみてください。

16時間断食のやり方

夜を抜く

夕食を抜くパターン。朝が早いので仕事、朝食を食べないと力が出ないという人はこのパターンがおすすめです。

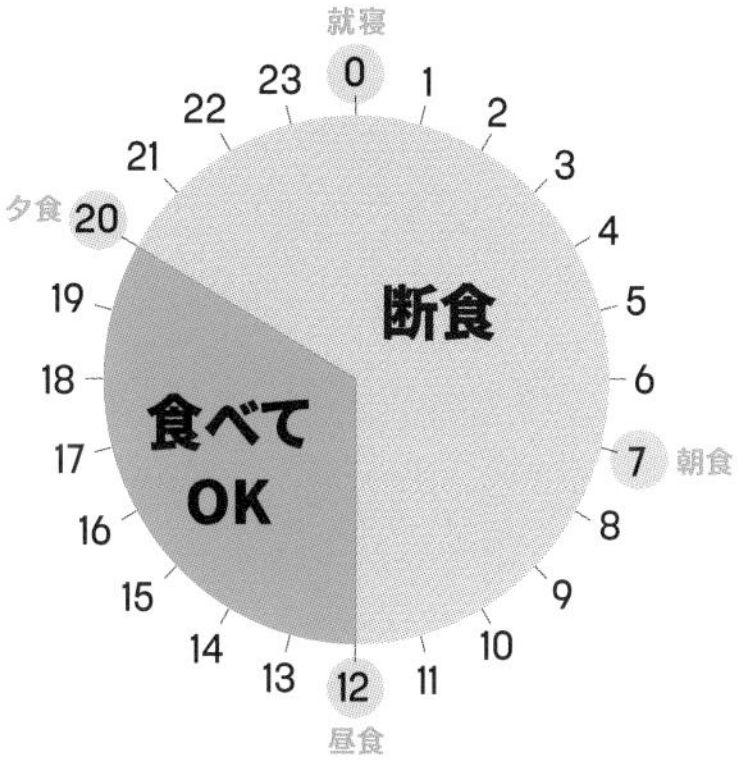

朝を抜く

朝を抜くパターンの16時間断食。朝は何かと忙しいのでご飯を食べないことで時間にゆとりができるというメリットも！

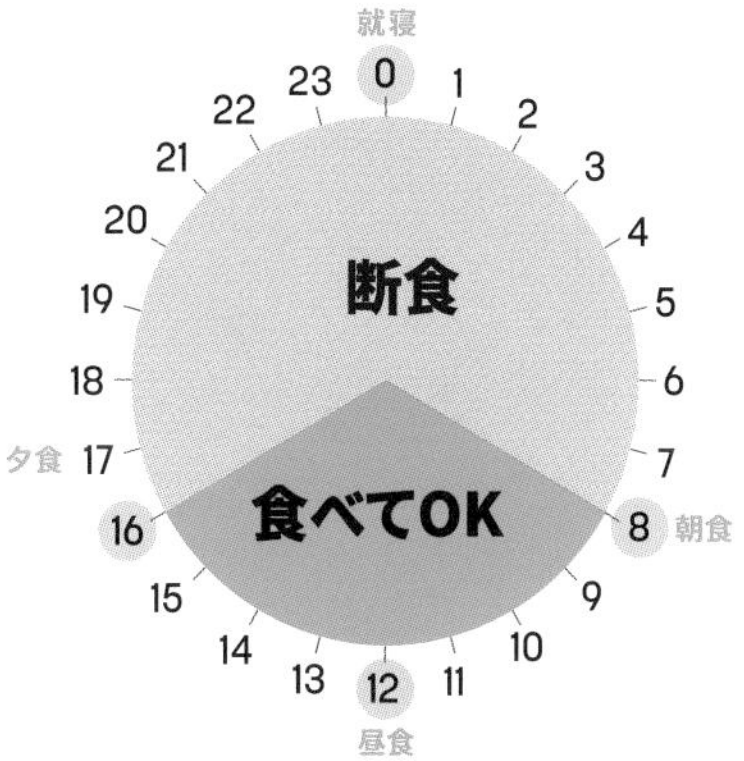

いきなり完璧だけじゃなくていい！

16時間断食をはじめると最初は途中でお腹が空くことがあると思います。慣れるまでは頑張りすぎずにおにぎり一個食べるとかナッツなどのおやつを少し食べてOK。段階を踏んで習慣化していきましょう。

食事の質にはこだわらない

16時間断食をするとき、最初は好きなものを食べましょう。いきなり質にまでこだわると長続きしません。8時間、好きなものを食べる分16時間空腹状態を保つことでストレスが溜まりにくくなります。

やせる食習慣

「やせドリンクを味方につける」

まずは一番取り入れやすい飲み物から変えてみましょう。基本は無糖で温かい飲み物がおすすめ。普段ジュースや甘いコーヒーなどを飲むことが多い人はこれだけで体に変化が起きるかも！

やせる食習慣 1

朝1杯の白湯を飲む

まずは、簡単に習慣化できるものとしてぜひおすすめしたいのが、朝1杯の白湯習慣です。白湯を飲むと、内臓が温まり、そこから全身の血流がよくなります。これによって、基礎代謝が上がる、脂肪が燃焼されやすくなる、老廃物の排泄促進、むくみ解消など非常に体にとってさまざまないい影響が与えられます。とくに基礎代謝量は、体温が1度上がるごとに10～12％アップするといわれていますから、やせやすい体をつくるのにこんなに手軽な方法はありません。
朝、最初に飲む白湯は、10分ほどかけてゆっくりと飲みましょう。ただし、むくみや便秘がひどい場合は、冷たい水を一気に飲んだほうが、胃腸が一気に活性化して効果が出るということもあります。自分の症状や体質で選んでください。

寝る前のレモン水

寝る前には、水を飲むことが大切です。起床後と寝る2時間前にペットボトル1本の水を飲むことで腎機能が改善するという日本の研究があります。とはいえ、ペットボトル1本の水を飲むって結構大変。そこでおすすめなのがレモン水です。レモン水は、腎機能の改善に必要なビタミンCの摂取や食欲の抑制、デトックス効果などがあります。理想はフレッシュなレモン1/4個程度をコップ1杯の水に搾ったもの。レモンにはクエン酸が含まれていて、飲みすぎると逆に食欲を増幅させてしまうこともあるので、体にいいからと飲みすぎないように注意してください。

日中のコーヒー

コーヒーは脂肪燃焼効率を上げるドリンクです。朝1杯コーヒーを飲むことで、体を目覚めさせてくれて代謝を活発にする可能性があるということがさまざまな研究でわかってきています。2008年のハーバード大学の研究では、コーヒー摂取量は1日4〜6杯が、がん・心疾患・糖尿病などの死亡率が一番大きく下がることがわかりました。ただし、5杯以上飲むとメンタル面に悪い影響が出るなどのデメリットもあるため、4杯以下が理想的な量といえそうです。コーヒーは、運動する前に飲むと筋肉痛が出にくくなる、夕方は15時前に飲み終えることでカフェインの影響が睡眠に出ない、揚げ物を食べたあとに飲むと動脈硬化が軽減されるといわれています。

やせる食習慣 2

「たんぱく質をしっかりとる」

たんぱく質は、約20種類のアミノ酸から構成されていて、筋肉の維持、脳の成長など体の生命機能に欠かせない栄養です。また、神経伝達物質のドーパミンの元にもなり、しっかり摂取することで肉体的、精神的な疲労を軽減させてくれます。食事制限で筋肉を落とさないためにもしっかり食べましょう。実はベジファーストよりもたんぱく質ファーストがおすすめ。食事の最初に食べることで、しっかり吸収され筋肉量を増やすことができます。

ゆで卵は朝に3つ！

卵は必須アミノ酸バランスに優れて利用効率がよい良質なたんぱく源であり、脂質とのバランスもよい食品。以前は、卵をたくさん食べるとコレステロール値が高くなるといわれていましたが、最近では善玉が増えて悪玉コレステロールが減るということもわかって、ゆで卵なら調理に油も使わずに手軽に摂取できます。朝3つ食べることで中性脂肪を減らすという研究もあります。

たんぱく質も脂質も質がいい魚介類

消化吸収もよく、脂質も良質で食欲を抑えてくれる魚介類。手軽に食べられるという意味でおすすめなのがサバ缶です。EPA・DHAが豊富で中性脂肪や悪玉コレステロール値を引き下げる働きがあります。冷凍のシーフードミックスも手軽に取り入れられるのでおすすめです。

納豆は最強のやせ食材

大豆製品も良質なたんぱく質です。そのなかでもおすすめなのが納豆。「ナットウキナーゼ」には、血液をサラサラにする効果があり、発酵食品なので腸内環境の改善にも役立ちます。女性は大豆をとりすぎるとふっくらとした体になるので、体をほっそりさせたい人は食べ過ぎないようにしましょう。

油を選ぶ

やせる
食習慣
3

エクストラバージン オリーブオイル

オリーブの実を搾ったバージンオイルのうち、とくに良質なものがエクストラバージンオリーブオイルです。オレイン酸を豊富に含み、腸の働きをよくしたり便を軟らかくするので便秘の改善に役立ちます。生のままでも、加熱しても使えます。

油はダイエットの天敵！と思う人もいるかもしれませんが、それは選び方次第。実際に脂質はホルモンの材料であり、細胞を構成する成分。過剰に減らすことはデメリットも多いのです。また、適度にとることで食欲を抑えてくれる効果もあります。おすすめの油は、ココナッツオイル・MCTオイル、えごま・亜麻仁油、エクストラバージンオリーブオイルです。もちろん、量が多いとカロリーオーバーしますから、いい油だからといって取り過ぎないように！

えごま油・亜麻仁油

体内で合成できない必須脂肪酸であるオメガ3脂肪酸を含みます。魚の油と同じで、血液をサラサラにしたり体の炎症を抑えたりする効果も。加熱は避けて、ドレッシングに使うなど生のまま摂取しましょう。

ココナッツオイル・MCTオイル

中鎖脂肪酸という代謝を上げる脂肪酸を含むのが特徴。ほかの油と違って摂取すると速やかに分解されて脂肪になりにくいだけではなく、減らす作用も期待できます。熱に強いので加熱してもOKです。

「野菜・フルーツは何を食べてもいい！」

やせる食習慣 4

糖質制限をされているなかには、いもやにんじんといった根菜類やフルーツを糖質が多いからと避ける人がいます。これってちょっとストイック過ぎて挫折しやすいやり方。そもそも、ご飯もそうですが炭水化物は「糖質＋食物繊維」のこと。炭水化物を糖質として完全にカットしてしまうと、圧倒的に食物繊維が不足して便秘になりやすくなります。野菜やフルーツは炭水化物のデメリットに目を向けるより、ビタミンやミネラルなどそのほかの栄養に目を向けましょう。

フルーツならベリー類

ベリー類は、脂肪燃焼＆美容効果が高く、糖質も比較的少ないのでおすすめ。冷凍で保存できるので、常備しておくと手軽に取り入れられます。また、柑橘系に含まれる「シネフリン」は脂肪燃焼能力をアップしてくれます。食べ過ぎると糖質過多になるので、1日50g程度が目安です。

野菜はいも類の量だけ注意

野菜は、ビタミンやミネラル、野菜にしかない抗酸化成分などが豊富。気をつけるとしたらいも類ですが、ご飯の代わりに食べるなど全体の糖質量が増えすぎないようにすれば食物繊維もしっかりとれる優秀食材です。

鉄分の不足に注意！

ダイエットと関係がないように見えますが、実は鉄分不足もダイエットがうまくいかなくなる原因の一つ。鉄には、代謝を上げる働きがあり、私たちが動くエネルギーには欠かせません。また、肌や髪、靭帯などの主成分であるコラーゲンの生成、免疫力、ホルモン分泌にも関わっています。とくに女性は月経によって鉄を失うため鉄分不足の人が多いので、意識してとるようにしましょう。鉄を豊富に含む代表が赤身のお肉。クエン酸と一緒にとることで吸収率がアップするのでオレンジジュースなどを飲みながら食べるのがおすすめ！

こんにゃくをもっと食べよう

食物繊維が豊富なこんにゃくは、中性脂肪を減らす効果があります。腸内でコレステロールや中性脂肪の吸収を妨げる働きがあります。群馬大学の研究では、こんにゃく粉入りのお粥を摂取した人は中性脂肪が低下することがわかっています。そのほか、血糖値とインスリン値の上昇も抑える、コレステロール値を改善するなどがわかっています。こんにゃくがそれほど食べられない場合には、こんにゃく粉を使った麺などを取り入れましょう。

COLUMN

藤田先生が解説！

ここに注意

断食

空腹を長期続ける完全な断食は体への負担が大きい

この本では、16時間断食をおすすめしています。一方で、断食には１日、３日、１週間などの長期のものもありますよね。ダイエットという観点でいうのなら、こういった長期の断食はおすすめしません。まず、今一般的になっている断食ダイエットは、固形物はとらず、酵素などの栄養が入ったドリンクを飲みながら行うものが多いのですが、この酵素ドリンクが比較的高価なので、続けるのに金銭的な負担が大きいのがまずハードルになります。

そして、いくら栄養をドリンクで補給したとしても何も食べないというのは体に非常に負担が大きく、空腹を長期我慢しなければいけないというのもハードルが高いもの。終わったあとに爆食モードを招きやすく、やっている間は体重が落ちるけど、終わったらすぐに戻ってしまうということも多くあります。

断食はダイエット以外に体質を改善するなどの目的で行う場合もありますが、やせたいという目的で行うなら、食べない時間を設けてしっかり「オートファジー」を働かせながら、食べたいものを食べてやせられる16時間断食のほうが、続けやすくて効果的です。

PART 3

EXERCISE

運動編

習慣化でやせる！

運動は、ダイエットの第2ステップ。取り入れることで、代謝アップや体を柔らかくしてやせやすい体づくりができますが、無理をすると逆にストレスになるので楽しく習慣化できるようにしましょう。

運動をしなければやせられないは嘘！

運動は焦らなくて大丈夫 むしろ最初はやらなくていい!?

　ダイエットと運動。切っても切れないように感じるかもしれませんが、やせるために運動が絶対に必要かというとそうではありません。やりたくないのに我慢して頑張るくらいなら、いっそやらないほうが体にとってはメリットが大きいものです。

　とくに気をつけたいのが、僕がおでぶちゃんだった頃のように標準体重を大きく超えている場合です。体重が多いということだけでも体にとっては大きな負担。骨や関節に負荷がかかっている状態で、ハードな筋トレや長時間のウォーキングなどをしようとすると、ケガにつながってしまうこともあります。そして何より、脂肪が関節の動きの邪魔になるため効率よく体を動かすことができません。せっかくの運動なのに効果が半減なんて、もったいないですね。

　運動が習慣化するには、簡単なものでも約3か月はかかります。ただでさえ習慣化が難しいのに、運動するたびに痛い、つらいと思っていては続けられるわけがありません。たとえそのときは根性で乗り切ったとしても、次も「やりたくない」からのスタートになりますし、ストレスホルモンが分泌されて暴食モードにスイッチが入ってしまったりする危険も。

運動はある程度体が絞れてきてからでじゅうぶん間に合います。

小さな階段を登るように習慣を身につけていこう

ダイエットがステップアップしていったときにはぜひ運動を取り入れましょう。ただし、いきなりハードなトレーニングをすると、習慣化への道が遠のきます。「よし、ダイエットだ！　毎朝５km走るぞ」と意気込んでも、いざ５kmランニングしたら、もう疲れてしまって、体のあちこちが痛い……つらいからやりたくなくて、次やろうと思うまで10日かかってしまったとか、結局、運動自体やめてしまったというのは〝あるある〟です。

それならば、最初から無理をせずに、まずは１km歩いてみようなどと、無理のない、ちょっと物足りないくらいからはじめて徐々に運動量を増やしていったほうが、結果的に継続できる可能性が高くなります。

運動は家でできること、すきま時間でできること、寝る前や朝起きてすぐにできるなど、1日の生活リズムのなかに取り入れやすいものからはじめましょう。

意識をせずとも無理なく楽しくできる、体を動かす習慣を少しずつはじめていくと、気づいたら「運動しないとなんだか落ち着かない、すっきりしない」というときが訪れます。そうしたら、習慣化は大成功。運動が持つダイエット効果だけではなく、体を動かすことでストレスが解消できる、ほどよい疲れでよく眠れるなど、「つらい・痛い」よりも、心地いいが勝った状態です。

そうなる頃には運動のメリットを体も受け取りやすい状態になっていて、自然と運動が日常のなかに取り込まれて、ダイエットを加速させる要因になってくれます。

「運動って気持ちいいんだ」というアハ体験をぜひ感じましょう！

運動の習慣化は小さなステップの積み重ねで達成しよう!

目の前に階段があるとします。目指す高さは同じですが、片方は一段ずつが高く、到達までの段数が少ないもの、もう一方は段差は浅いが段数が多いもの。どちらを選びますか？　効率を考えれば前者がいいような気がしますが、一段のぼるだけでも体力をかなり消耗するので、すぐに疲れてしまいなかなか次の段に登れません。一方、段数はあるけど段差が浅いものはちょこちょこと進めるので意外と楽に登ることができます。効率も大事ですが、やはり続けられるものを選んだほうが結果、目標への到達は早いし、つらくないのです。

A 一段のハードルが高いもの

登りにくい、登ると疲れる

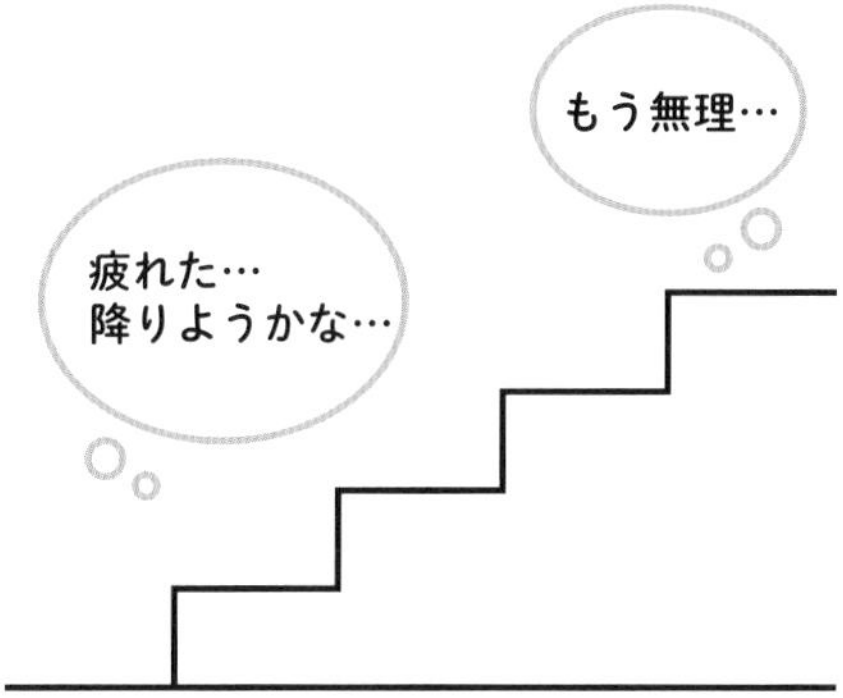

B 一段のハードルが低いもの

続けて登っても苦にならない

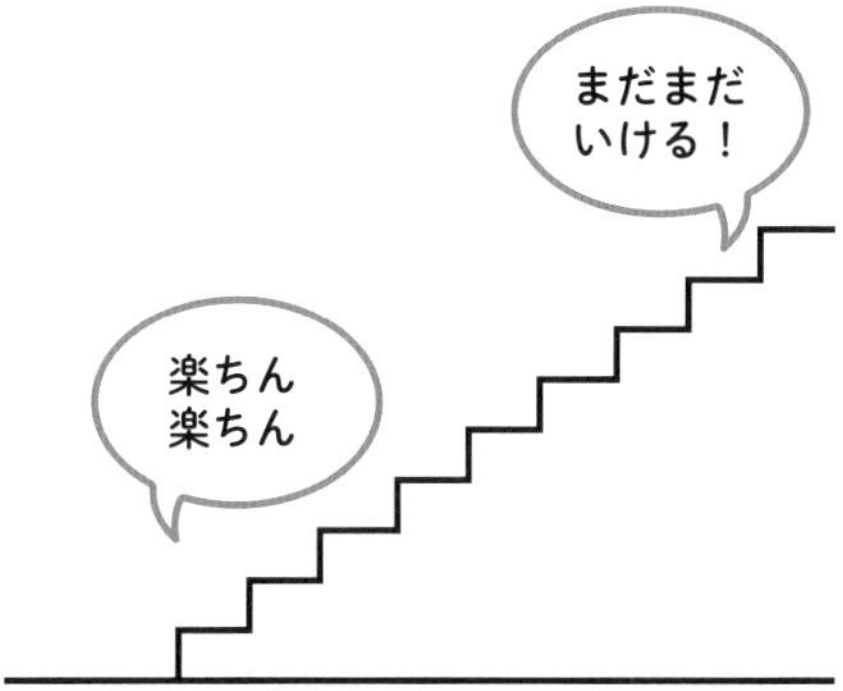

ゆるくはじめられるから続く「ゆらゆら運動」

無意識にできて脳幹をほぐせるから続けられて、効果も出る！

僕がおすすめする運動は、「ゆらゆら運動」です。腰をゆらす、足をゆらす、上体をゆらす……体のいろいろな部分をゆらゆらと動かすだけの運動。

ゆらゆら運動は、体に大きく負荷をかけることはありません。寝ていてもできる運動も多いので、これなら体重が多い方でも無理なく取り入れることができます。

ゆらゆらがなぜいいのか。それは「無意識」で脳をだましながら行う運動だからです。脳幹は、代謝や体温、体幹筋や姿勢の調整にも関わっている場所。ゆらゆら運動は、この脳幹に刺激を与えてくれるのに役立ちます。

ゆらゆら運動をするときに、特別にどこかを意識する必要はありません。ただ、ゆらゆらと体を動かすだけで無意識に筋肉、体幹に働きかけてくれます。

運動習慣がない人の筋肉はいわば固く絞ったタオルのように硬くなっています。血流も悪く、筋肉が硬いことで代謝も悪くなって脂肪がつきやすい状態です。それをほぐそうと、マッサージで強く押したり、ストレッチでギューッと伸ばしたりするのは効果的ではありません。体を揺らし振動させることで固く絞られたタオルが少しずつゆるんで、血流がよくなり筋肉が柔らかくなるといういい循環が起きます。

ただ体を揺さぶるだけ。これなら、痛みも息を切らすほどのハードさもないので、習慣化もしやすいはず。

まずは無意識で脳幹と体の筋肉をほぐす「ゆらゆら運動」をはじめていきましょう。

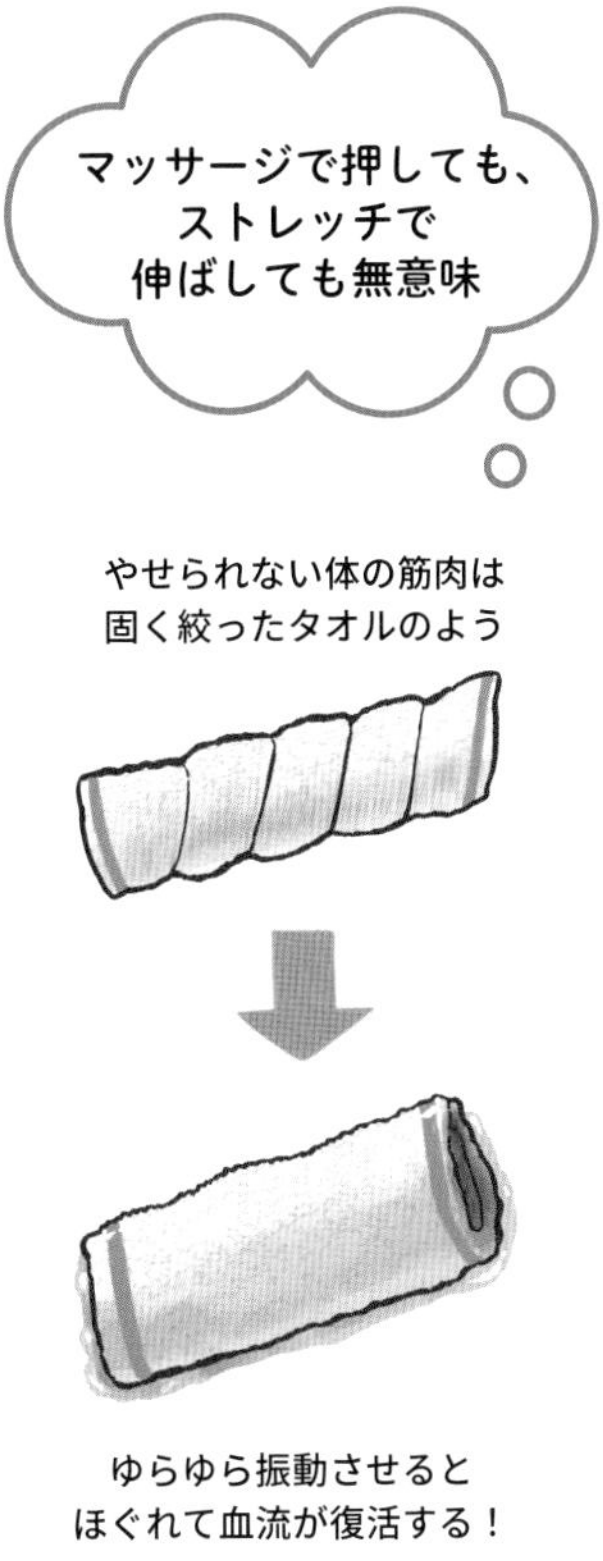

やせられない体の筋肉は
固く絞ったタオルのよう
ゆらゆら振動させると
ほぐれて血流が復活する！

無意識をコントロールする脳幹のスイッチを入れる！

脳幹ほぐし

生命維持の中枢であり、代謝や食欲など無意識ダイエットの実践にはとても大切な脳幹。首と眉間のちょうど真ん中にあるといわれている脳幹をほぐすことで、無意識が働きやすくなり、ダイエットが自然としやすい体になります。

「首のうしろつまみ&ひっぱり」

EXERCISE 1

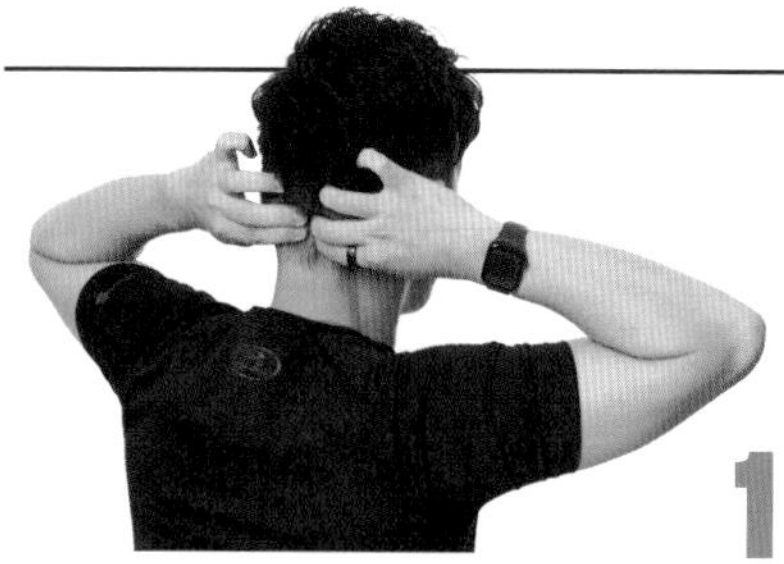

1

首と頭の境目の凹んでいる部分に両手の真ん中3本の指を当てる。わかりにくい場合はあごを少し上げると見つけやすい。そこから親指を筋肉を挟むようにして脇に置き、つまみながら下にほぐしていく。

2

余裕があれば
1の状態で、
外がに引っ張る。

「胸鎖乳突筋つまみ&ひっぱり」

EXERCISE 2

1

鎖骨から耳の後ろに
伸びている胸鎖乳突筋を
つまむ。

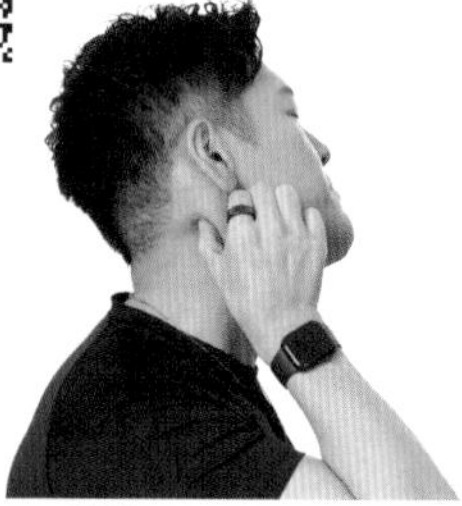

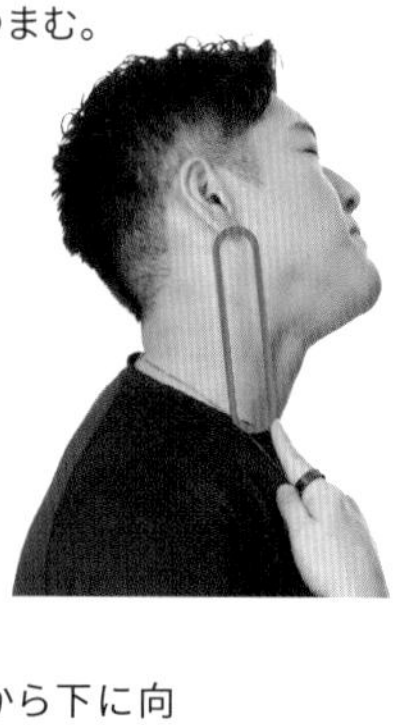

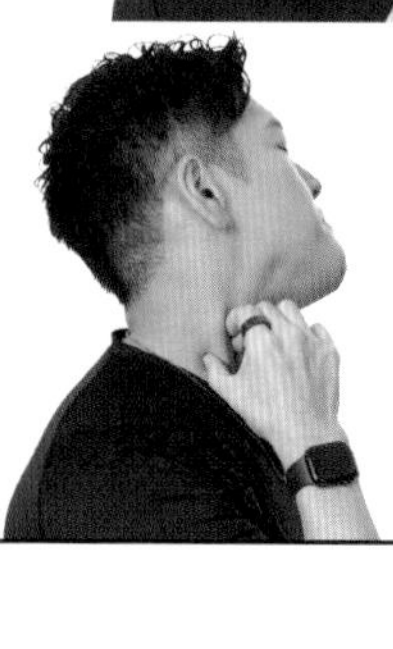

2

胸鎖乳突筋を上から下に向かってつまみながらほぐしていく。余裕があればひっぱって刺激しよう。

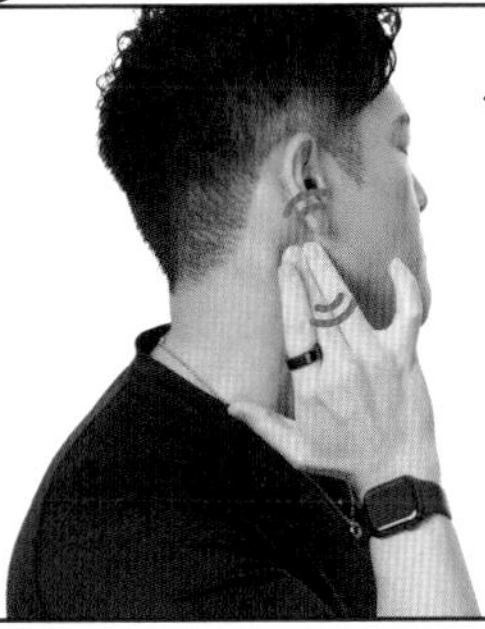

EXERCISE 3

「耳の後ろのほぐし」

胸鎖乳突筋と耳の間にある骨の凹みに指を置き、上下左右にゆらゆら動かしてほぐす。反対側も同様に。

POINT
骨の動きがよくなると、胸鎖乳突筋の動きも改善！

EXERCISE 4

「首＆眉間ほぐし」

1
片方の手で首の凹み部分に指を置く。

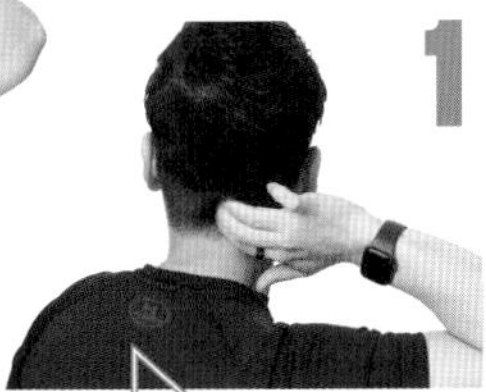

POINT
自律神経が整います！

2
反対側の手で眉間をつまむようにします。両手でぐっと眉間と首を押して離すを繰り返します。

3

余裕があれば、そのまま眉間を掴んでいる手のほうにぐるっと首を回転させる。

4

さらに上を向くように首を上げるのも効果的です。

EXERCISE 5

「首の後ろほぐし」

POINT
首を動かすのではなく、手でひっぱることで勝手に首が動くのが大切！

1
首の真ん中に指を置く。

2
そのまま指を左にスライドする。大きな筋肉に当たったらストップ。

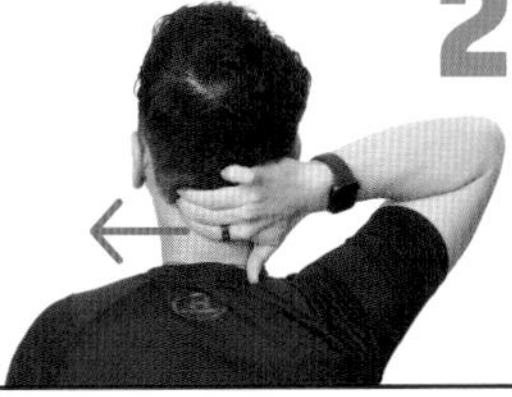

3
2の位置に指をおいた状態で、手を首をひっぱり回旋させる。反対側も同様に。

EXERCISE 6

「おでこプッシュ」

1

両眉の上に指3本ずつ置く。

2

上に向かって押し上げる。指の位置を上にずらして同じように。

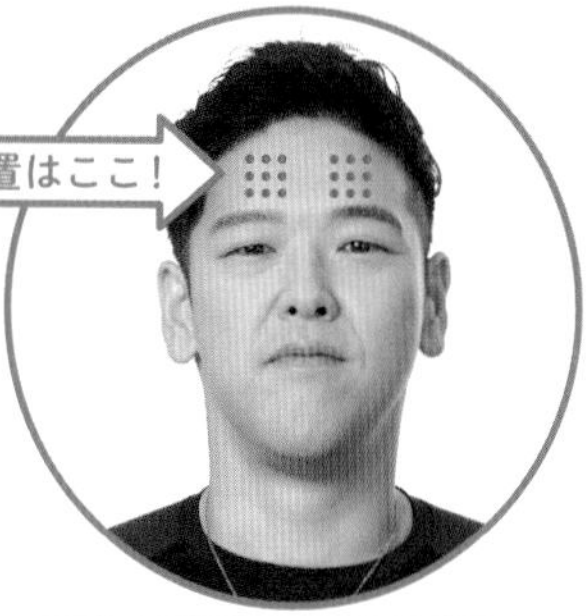

両眉の上から額にかけて3段階にわけてプッシュしていこう。

POINT
食欲をコントロールしている前頭葉をゆるめて食欲を抑える!

EXERCISE 7

「にわとり首」

1

鎖骨と胸骨の繋ぎ目に手をVにして置く。

2

にわとりのように首だけを前にを動かす。無理のない範囲で。

POINT
顔まわりのリンパの流れをよくします!

EXERCISE 8

「ゆらゆらジャンプ」

脱力した状態で軽く上下にジャンプ。まっすぐ跳ぶだけでなく、左右に体を揺らしながら続けよう。

POINT
脱力することで
無意識の脳を活性化！

EXERCISE 9

「腕ブラブラ」

軽く体を前に倒し、足の体重移動の反動で腕をぶらぶらと揺らすのがポイント。意識して動かさないように注意！

腕と肩の連結部分のつまりがとれて、肩まわりが柔らかくなり、体幹も整いやすく！
POINT

姿勢が整い、やせやすい体に！

肩甲骨はがし

肩甲骨のまわりには、脂肪燃焼に欠かせない褐色脂肪細胞があります。加齢とともに減る褐色脂肪を刺激しましょう。同時に、胸骨、大胸筋など首から胸全体の筋肉をほどよくほぐして、代謝アップ、姿勢改善を！

EXERCISE 1

「鎖骨マッサージ」

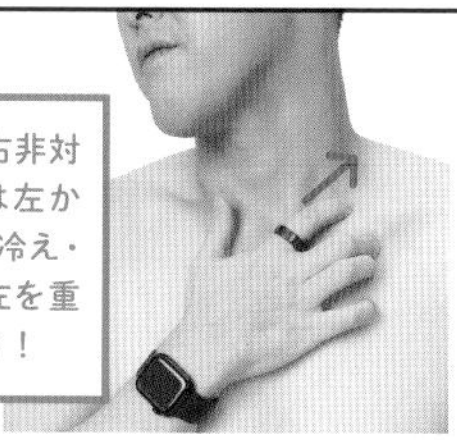

POINT
リンパの流れは左右非対称。両足のリンパは左から流れるので、足の冷え・むくみがある人は左を重点的に行いましょう！

鎖骨を人差し指と中指で挟み、上に向かって優しく流すようにスライドする。心地よい程度に繰り返す。左右行います。

EXERCISE 2

「鎖骨のばし」

1

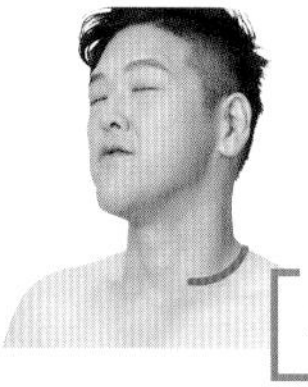

2

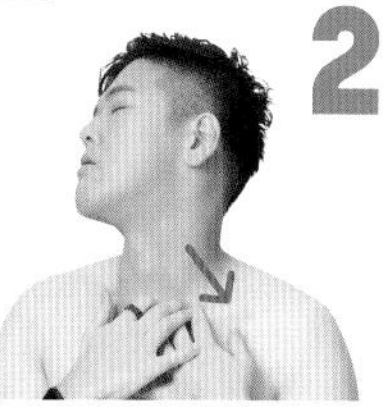

POINT
二重顎の解消にも！

1. 片方の鎖骨の付け根のくぼみに、両手の真ん中の指3本、もしくは2本ずつをひっかけるように置く。
2. 指で鎖骨を下に引きながら、首を斜め上にひっぱるようにして鎖骨を伸ばす。

EXERCISE 3

「胸骨を動かす」

1

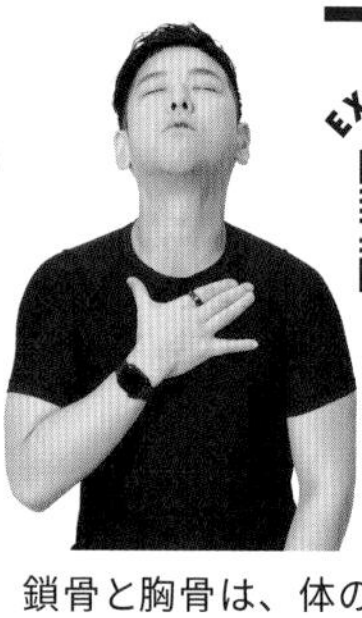

2

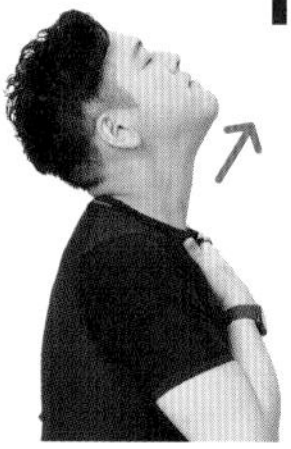

3

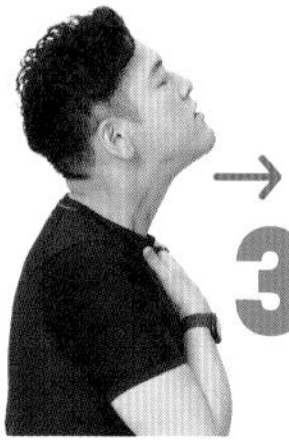

1. 鎖骨と胸骨は、体の前の首元でつながっている。そこに片手の親指と人差し指を開いてVの形にして置く。
2. 1の状態からゆっくり首を上に上げます。
3. さらに顎を少ししゃくらせるように前に出す。

POINT
胸骨をゆるめることで、心臓の動きもよくなり、リラックスしやすい状態に！

「手のひら回転」

EXERCISE 4

2

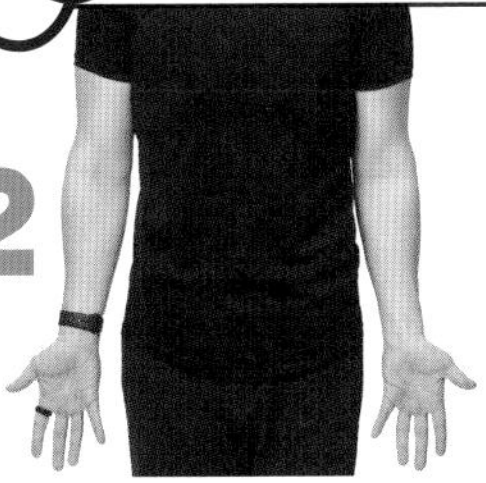

手のひらを外側にひねるを繰り返す。

1

肩の力を抜いて立つ。

POINT
普段、体を内側に使う運動が多いので、逆の動きをすることでバランスを整えます！

EXERCISE 5

「大胸筋運動」

▼腕を横に曲げる

1

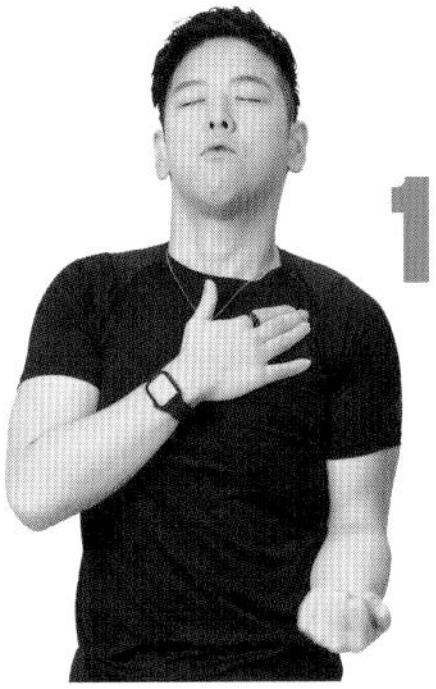

左の鎖骨の上側の凹みに反対側の手の指を置く。左腕はひじを曲げて90度に。

2

大胸筋が動いているのを感じながら、左腕のひじから先を外側にひねる。

3

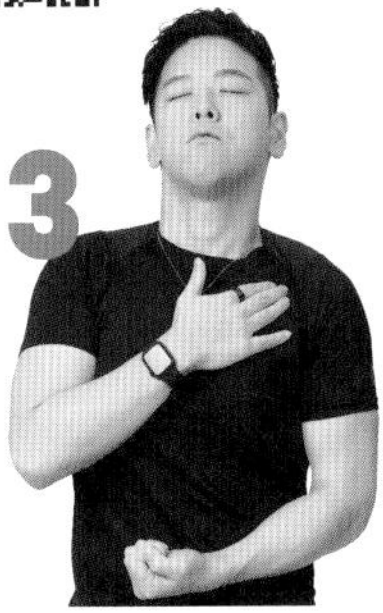

2と同じように内側にもひねる。反対側も同様に。

▼腕を体の前で曲げる

1

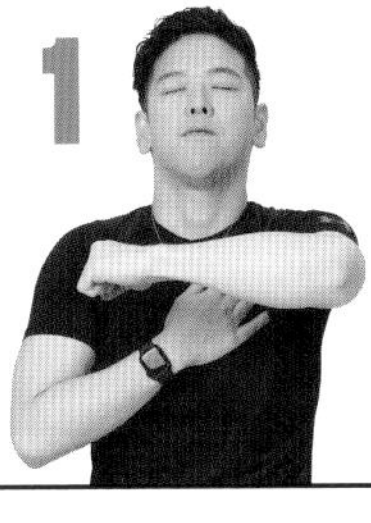

左の鎖骨の上側の凹みに反対側の手の指を置き、左腕を曲げた状態で体の前、肩の高さまで上げる。

2

1の状態のまま、ひじから先を上げて下ろすを繰り返す。反対側も同様に。

▼腕を上に曲げる

1

左の鎖骨下の上側の凹みに反対側の手を使って指を置き、肩と平行に腕を上げて、ひじを上に曲げる。

2

上に曲げていたひじを下ろす。反対側も同様に。

POINT
3つの動きで大胸筋をまんべんなく刺激！

EXERCISE 6

「肩ストン」

1 手を下に下ろしてリラックスする。

2 肩をすぼめるようにギュッと力を入れる。

3 2の状態から一気に脱力する。何度か繰り返す。

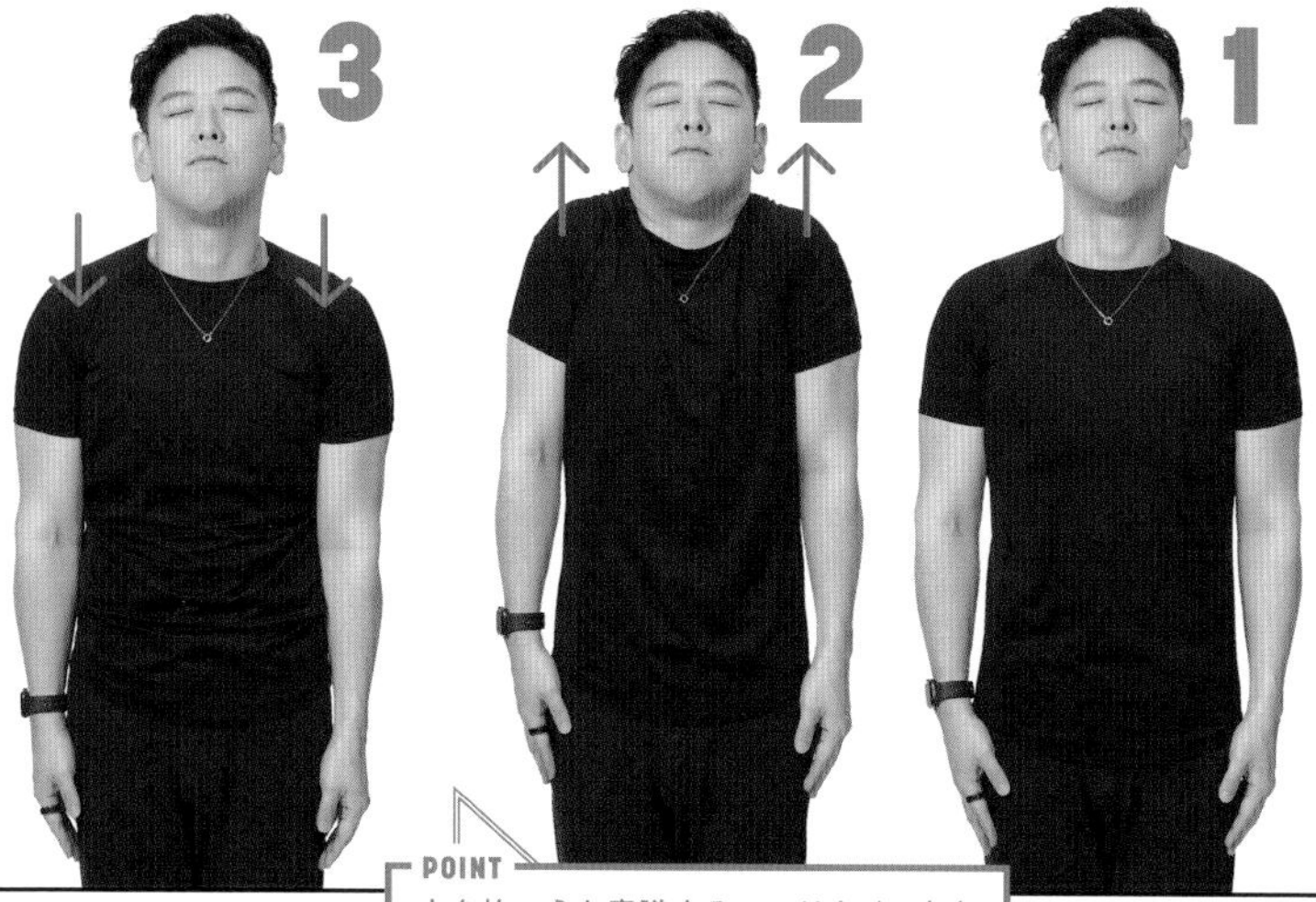

POINT
力を抜こうと意識するのではなく、力を入れた反動で無意識に抜けるように！

EXERCISE 7

「肩甲骨はがし」

POINT
下、前、上といろいろな方向に動かすことで、肩甲骨が広く稼働します。

1 上半身を前傾させて腕を斜め下に伸ばす。

2 対角線上に引き上げるように、ひじを後ろに引く。

EXERCISE 8

「肩ぐるぐる」

反対側の手で肩の筋肉をおさえて、肩をぐるぐる前、後ろにまわす。反対側も同様に。

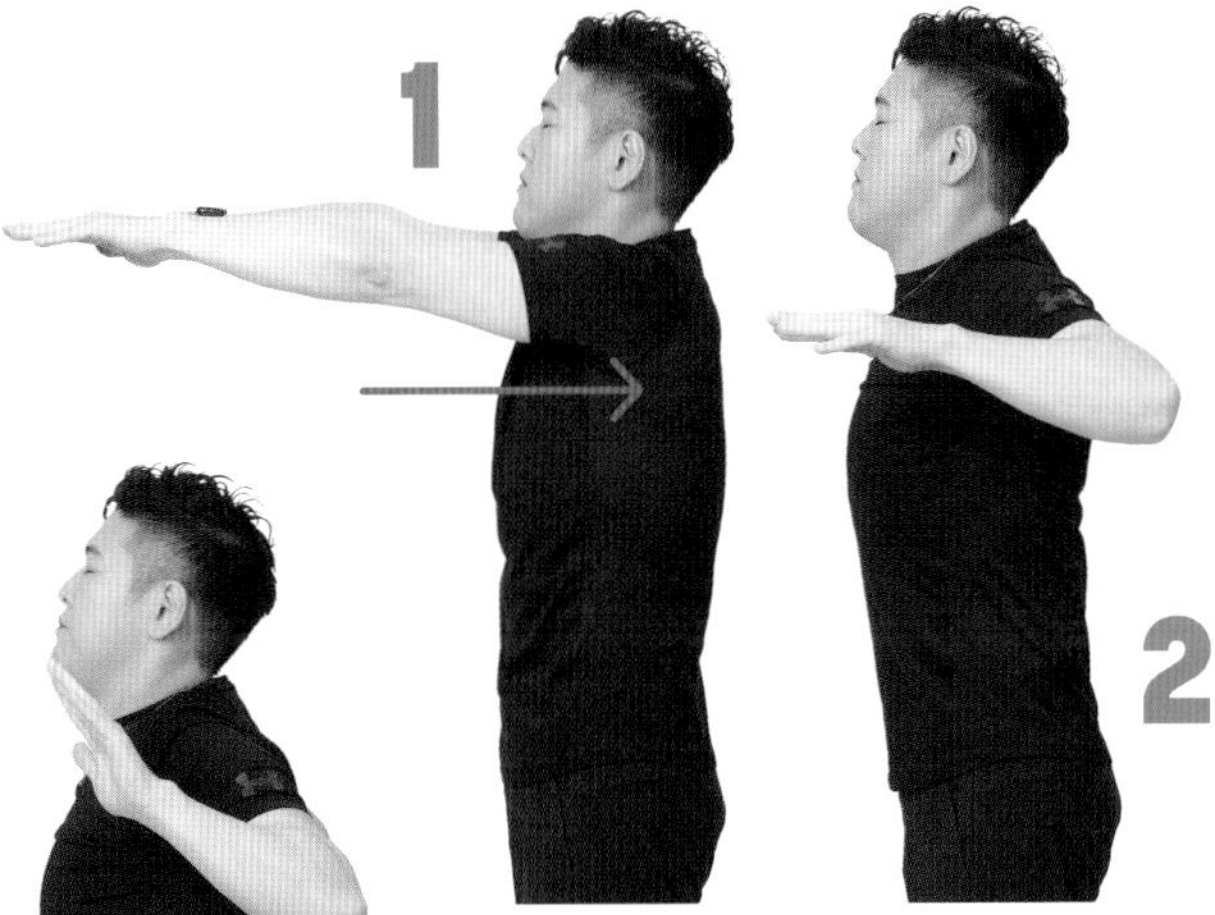

まっすぐの状態から腕を肩と平行に上げる。

そのままひじを後ろに引く。

まっすぐの状態から腕をやや斜め上に上げる。

対角線上にそのままひじを後ろに引く。

内臓の冷えや機能改善！

耳ほぐし

耳や肩には、内臓につながる迷走神経があり、メガネ、マスクなどで意外に負担がかかっている場所。耳のこりや冷えをほぐして迷走神経を整えることで、血流を促しながらリラックス効果が高くなり、内臓機能も活性化します。

「耳ひっぱり」

EXERCISE 1

POINT
迷走神経を整えて
血流アップ！

1

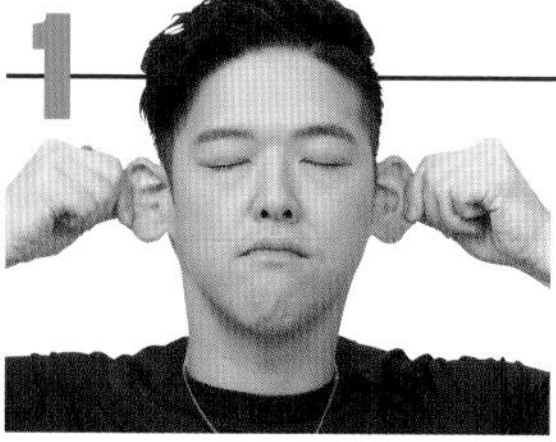

耳を横向きにひっぱる。

2

耳を上向きにひっぱる。

3

耳を下向きにひっぱる。

「肩つかみ」

EXERCISE 2

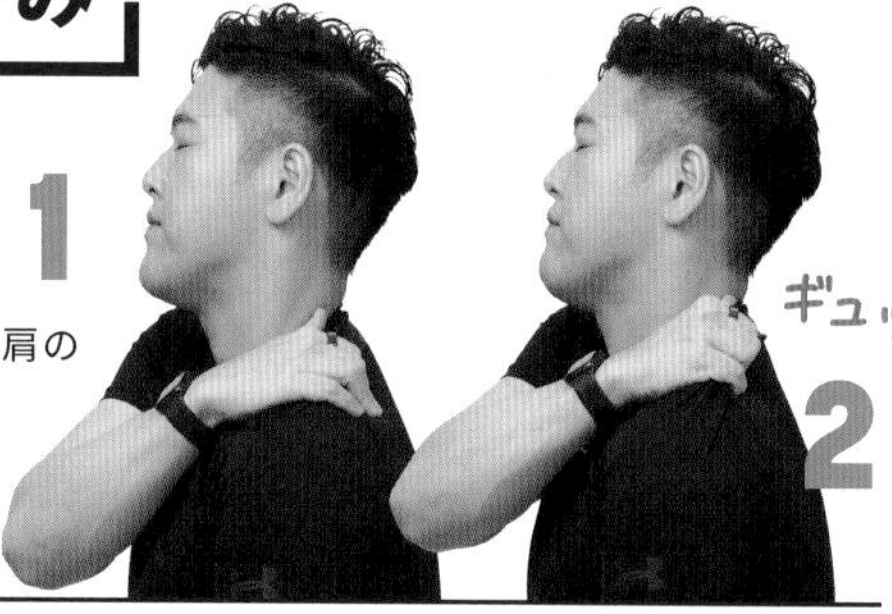

1 手で反対側の肩の奥をつかむ。

2 ギュッと手に力を入れてほぐす。反対側も同様に。

「耳パタン」

EXERCISE 3

1 耳の上を人差し指、下を親指で挟む。

2 折りたたむようにギュッとつまむ。何度か繰り返す。

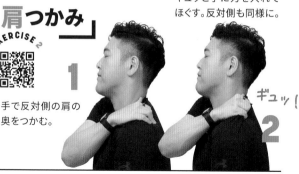

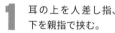

EXERCISE 4

「耳まわし」

1 耳の両はしを持つ。

2 そのまま前、後ろから前にくるようにぐるぐるまわす。

EXERCISE 5

「肩ぐるぐる」

手を肩に置くことで肩甲骨だけが動く！
POINT

1 両肩に手を置く。

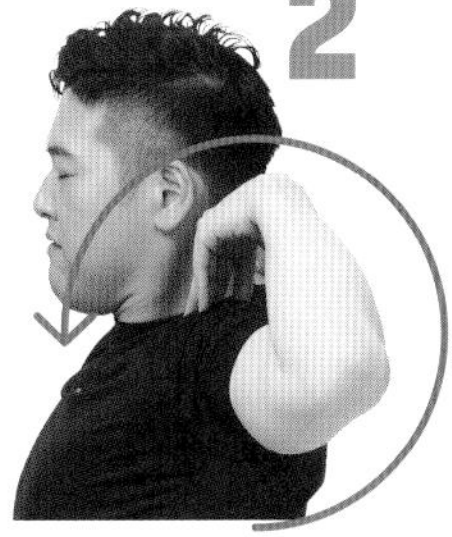

2 後ろから前に、ひじで円を描くようにまわす。

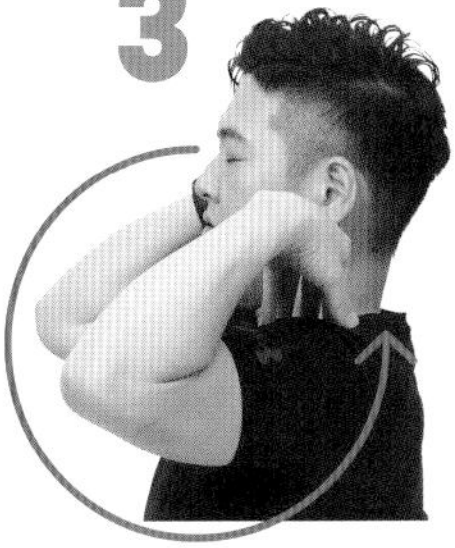

3 前から後ろも同様に。

EXERCISE 6

「深呼吸」

1 鼻から大きく息を吸って両腕を開く。

2 開いた腕を閉じながら、口から細く長く息を吐く。

血流を全身に巡らせる
寝る前ストレッチ

寝る前には全身の血流をよくする運動がおすすめです。とくに下半身は血流が滞りやすい場所。ふくらはぎは第二の心臓とも呼ばれている部分ですから、ふくらはぎを中心に下半身の心地よく刺激して血流をアップさせていきましょう。

EXERCISE 1

「ふくらはぎブラブラ」

ふくらはぎを、ブラブラと揺らす。

1
膝を立てた状態で、指先が手前にくるようにして手を床につけて体を支える。

2

POINT
無意識に足首の筋肉を動かす！

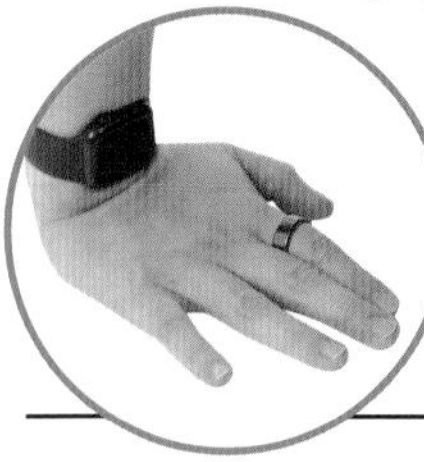

手の位置は、足が上げにくい人は内側にしたほうが楽！　ストレッチを意識したい人は外側に。目的に合わせて変えましょう。

EXERCISE 2

「足首トントン」

両足首を上下に動かしながら、かかとで床をトントンと叩く。

POINT
ふくらはぎは膝からかかとの下までついている！　ふくらはぎの筋肉を伸縮させることで血流アップ！

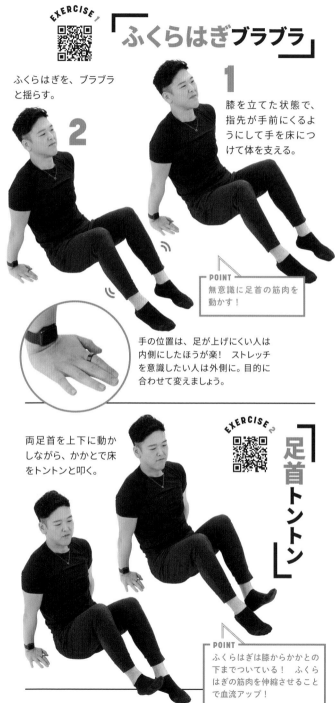

「ふくらはぎ伸ばし」

EXERCISE 3

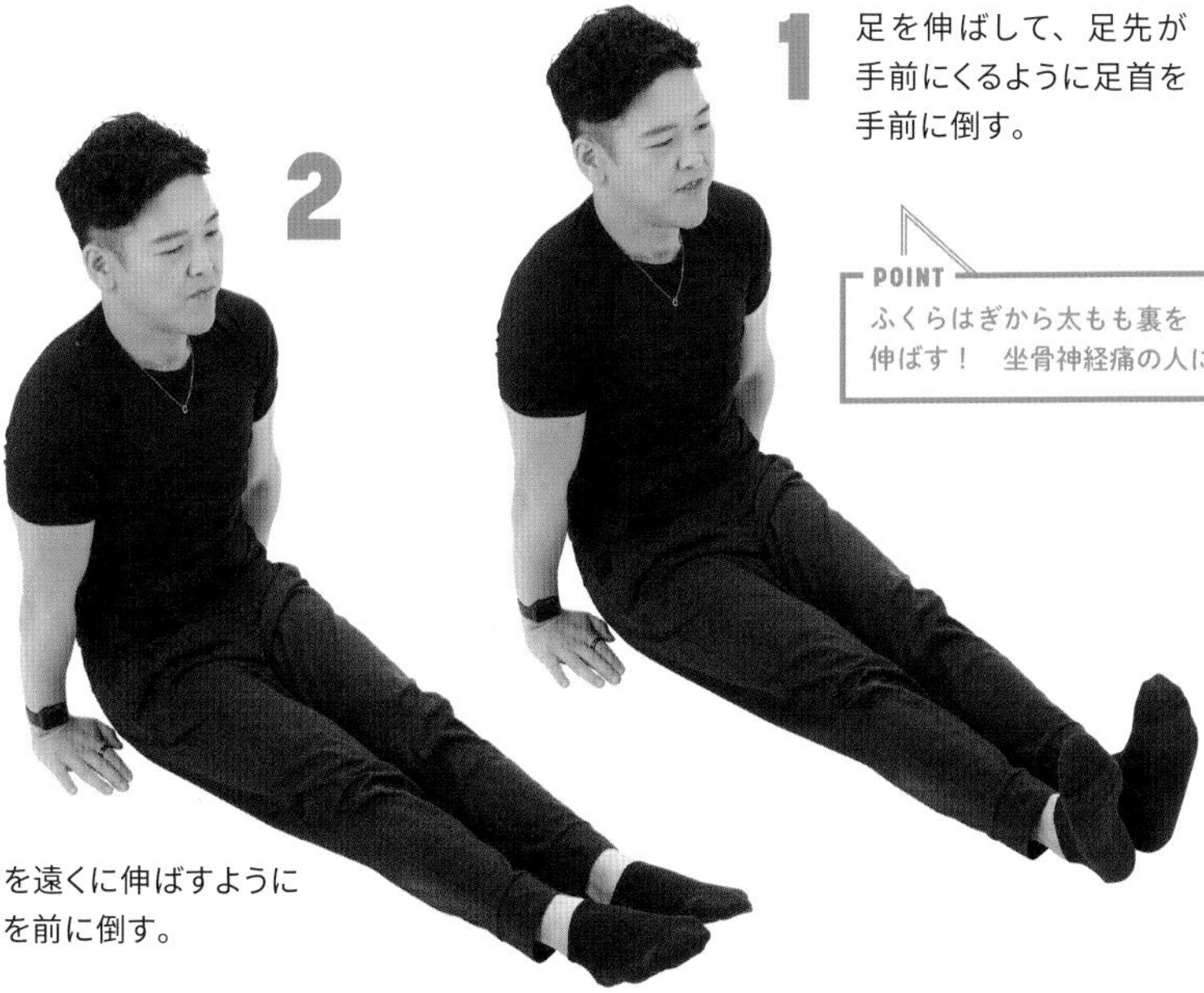

1 足を伸ばして、足先が手前にくるように足首を手前に倒す。

POINT
ふくらはぎから太もも裏を伸ばす！　坐骨神経痛の人に！

2 足先を遠くに伸ばすように足首を前に倒す。

「足指のグッパー」

EXERCISE 4

1 足の指をグーッと曲げる

2 足指を外側に開く。グッパーするイメージで。

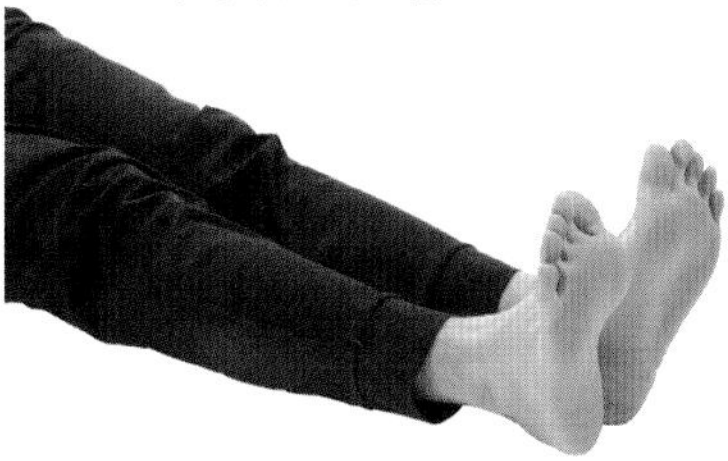

POINT
足先の毛細血管へ血流が流れる。睡眠の質アップにも！

EXERCISE 5

「足伸ばしトントン」

足を伸ばしたまま、
トントンする。

POINT
老廃物を流しながら、足全体の筋トレ。休み休みでOK！

「足伸ばしブラブラ」

EXERCISE 6

骨盤がしっかり立って
お腹ぽっこり解消！
POINT

足を伸ばしたまま、
左右にブラブラさせる。

「膝パタパタ」

EXERCISE 7

1

膝を立てて座る。

2

膝を外に開く。
1と**2**を繰り返す。

POINT
股関節を動かして
お尻の筋肉をゆるめる！

「足の裏ギュッ&パー」

EXERCISE 8

1

足の裏同士をくっつけるように合わせて、両手でぐっと押し付けるようにする。

2

力を抜いて手を離す。
5秒くらいずつで繰り返す。

「足裏拍手！」

EXERCISE 9

1

体を後ろに少し倒して、
足を浮かせる。

2

足の裏同士で拍手する。

「ドリブルパタパタ」

EXERCISE 10

膝同士をくっつけて座った状態から、
片方ずつ交互にドリブルをするように
足を上げる。

無意識に体幹をしっかり刺激する
寝たまま体幹運動

激しい運動をしなくても無意識でしっかりエクササイズできるのが寝たまま体幹運動です。それぞれの動きをすることで、自然に体幹が刺激できるメニューが並んでいます。それぞれ1分くらいを目安に、つらいときは休みながら行いましょう。

「うつぶせユラユラ」

EXERCISE 1

人間の軸は肝臓のある右側に重心があるので、首を左側に向けてできるだけ重心を中央に調整した体勢で、お尻を左右にゆらゆらと揺らす。

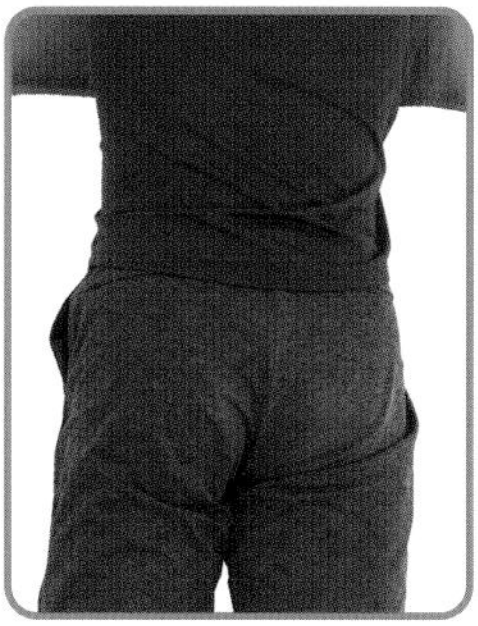

POINT
お尻を揺らすことで、無意識で体幹を動かそう！

「足をパタパタ」

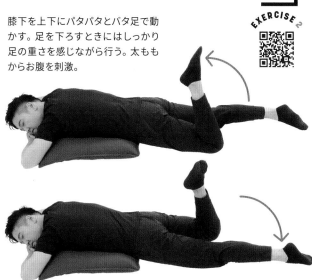

EXERCISE 2

膝下を上下にパタパタとバタ足で動かす。足を下ろすときにはしっかり足の重さを感じながら行う。太ももからお腹を刺激。

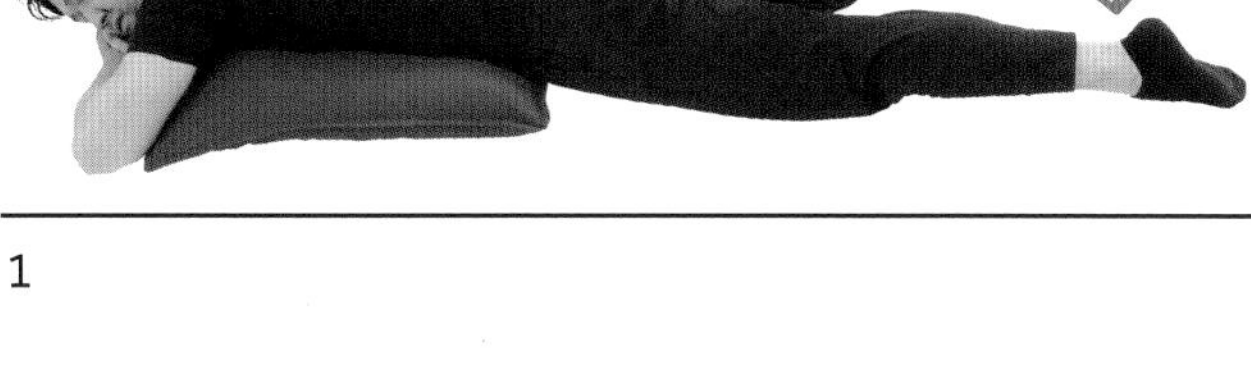

EXERCISE 3

「両膝を曲げて左右に倒す」

うつぶせで膝を曲げて両足を上げ、そのまま左右に倒すのを繰り返す。足の重さを感じよう。お尻まわり、股関節まわりを動かす準備になります。

EXERCISE 4

「仰向けゴロン」

うつ伏せから反動をつけて仰向けにゴロンとひっくり返る。

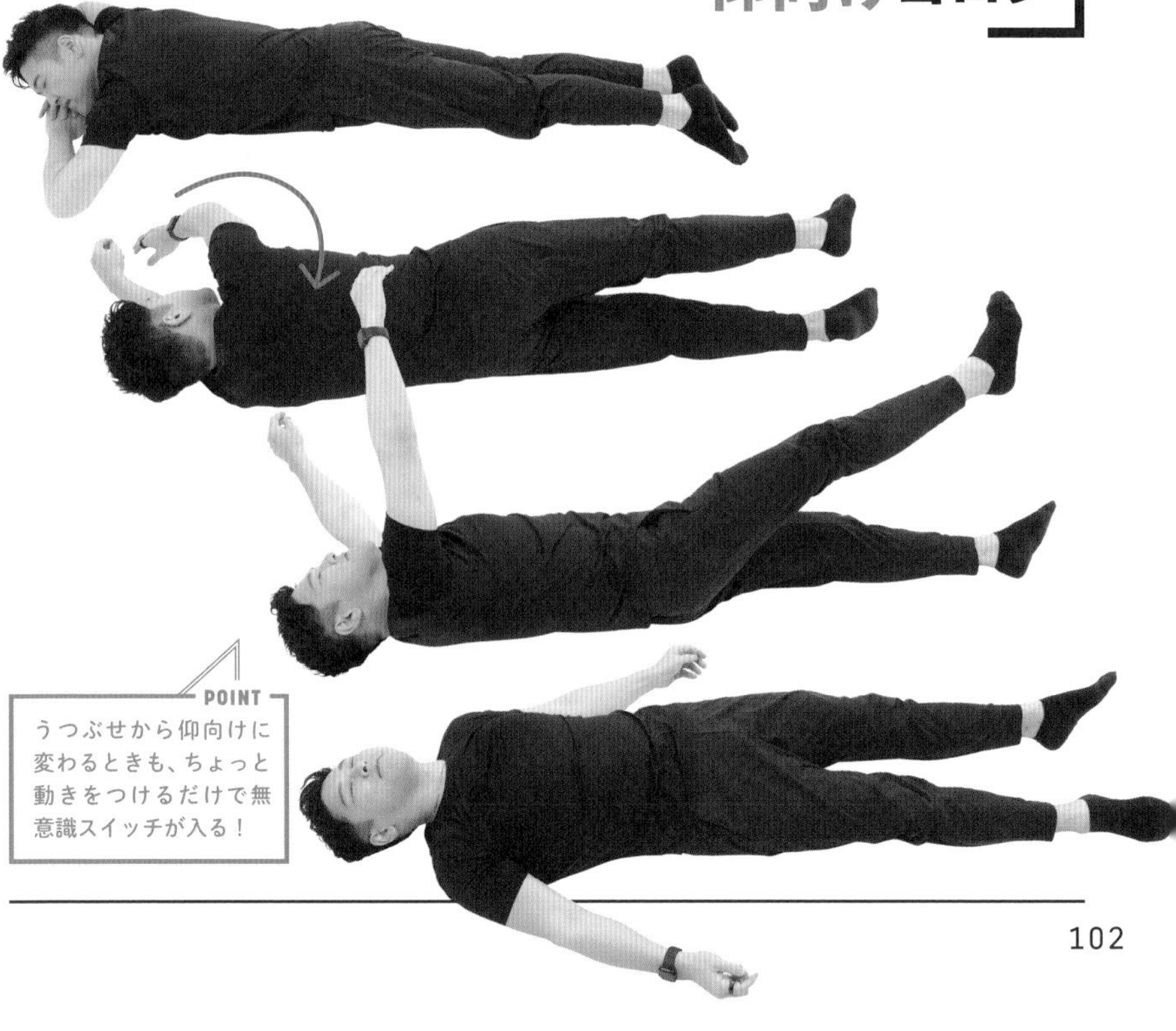

POINT

うつぶせから仰向けに変わるときも、ちょっと動きをつけるだけで無意識スイッチが入る！

横隔膜が動いて体幹が
しっかり使える体に！
POINT

「横隔膜呼吸」

EXERCISE 5

みぞおちから指をあばらに沿って左右に少しずらしたくぼみ部分に指を当てる。そのまま大きく鼻から息を吸って、吐くを繰り返す。

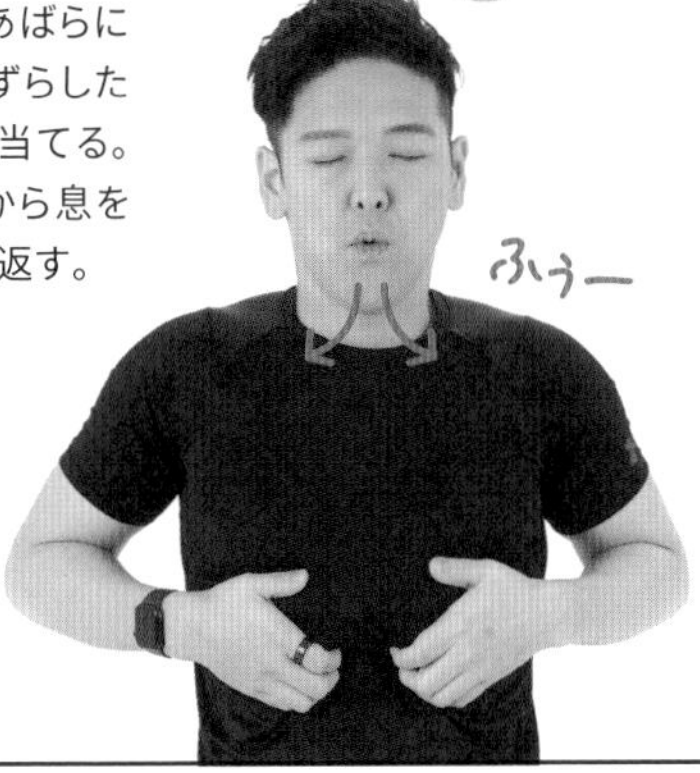

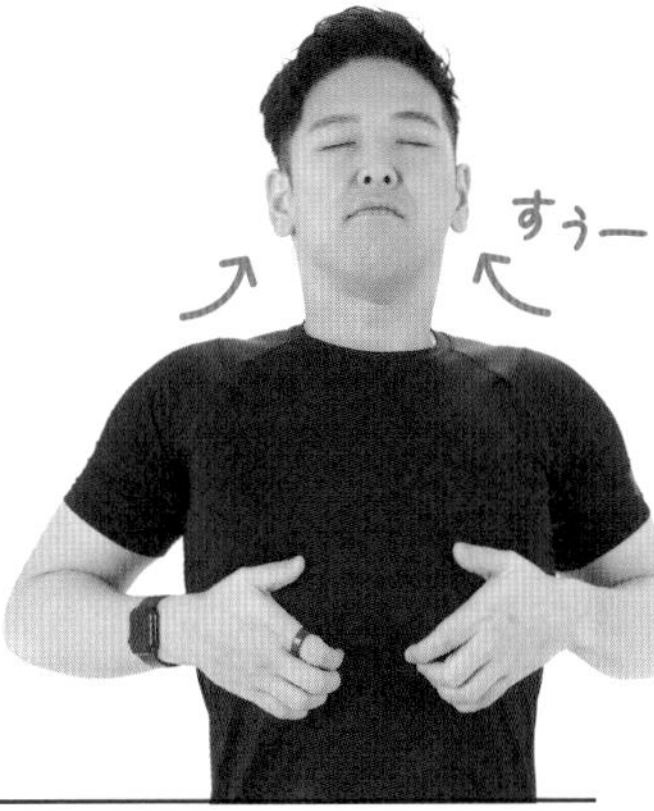

EXERCISE 6

「足を左右に開くカエル足」

膝を曲げた状態で両足をパカパカと開いて閉じてを繰り返す。股関節まわりが動いていることを感じながら行う。

POINT
足のむくみ解消＆
ヒップアップに！

「お尻の上げ下ろし」

EXERCISE 7

仰向けの状態で膝を立てる。

1

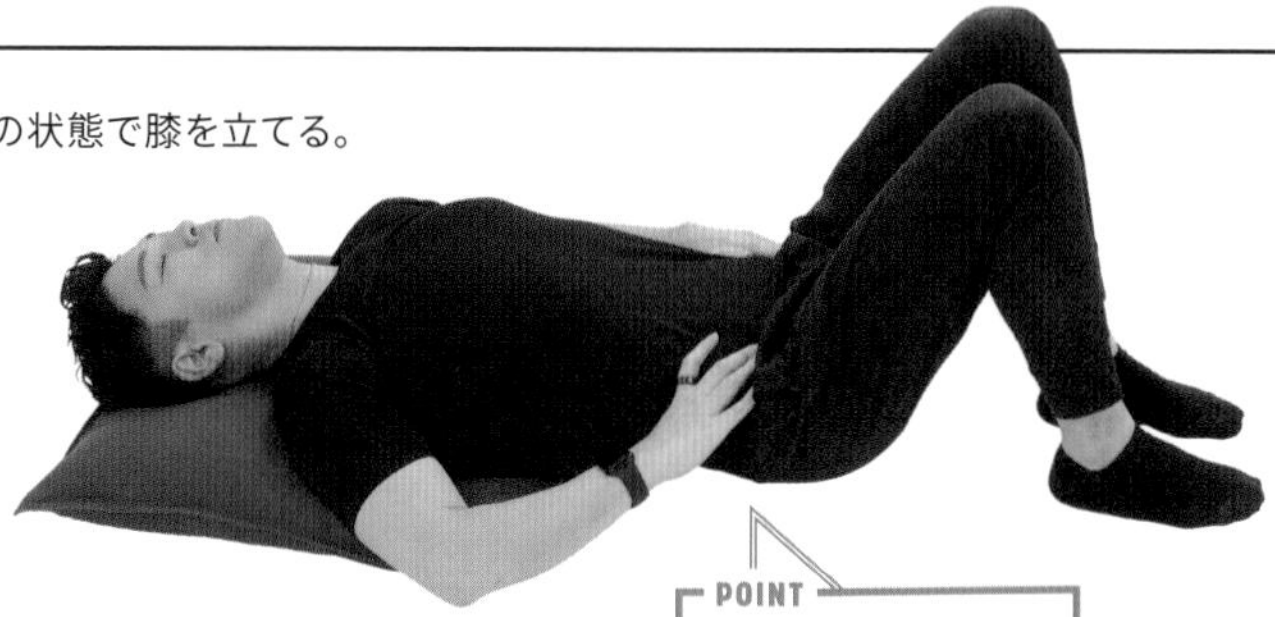

POINT
お尻から背中の筋肉が
連動して動くように！

お尻をゆっくりと上げて下げてを繰り返す。お尻を上げたときに肛門をキュッとしめるとさらに効果アップ！

2

「お尻アップ足踏み」

EXERCISE 8

肛門をキュッとしめた状態でお尻を上げた状態で、そのまま交互に足を上げる。

無理のない程度で！
飛ばしてもOKです。
POINT

EXERCISE 9

「お尻スリスリ」

1 横になって床側の腕で
頭を支える。

2 上になっている方の手を、お尻から膝に向かってさするようにスライドさせると、同時にその勢いで頭が起きるので、お腹の筋肉をぎゅっと収縮。

POINT
意識せずに、手のスリスリに体を合わせるイメージで！

COLUMN

藤田先生が解説！

ここに注意

お腹やせ

お腹をスリムにしたいのなら腹筋よりもやるべきことがある！

僕にくる質問でとても多いのが「お腹がやせません」というお悩みです。肥満体型ではなくてもお腹ぽっこりが気になるという人、多いですよね。そのために、一生懸命腹筋をしていますというお声もいただくのですが、残念ながらお腹を凹ませるために腹筋をするのはあまり効率的ではありません。

お腹まわりは、最初に脂肪がつく場所で、落ちるのは最後になる場所です。それは、お腹にはたくさんの大切な臓器が集まっているからです。生殖器、消化器などを守っている場所。体幹とも呼ばれる位置ですね。体幹はイコール脳幹。お腹まわりほど、意識だけでやせることが難しい場所はないのです。

また、お腹の筋肉はシックスパックとも呼ばれているように、いくつかに分れた小さな筋肉。腹筋によって刺激できる範囲はそれほど多くなく、実は非効率。それよりもスクワットのほうが全身で腹筋に刺激を与えることができるのでおすすめです。

お腹やせは、もともと効果が出るまで時間がかかる場所なので、あまり焦りすぎず継続できる方法でアプローチしていきましょう。

PART 4

やせる暮らし方のコツ

やせるためにできることは、食事や運動以外にもたくさんあります。まずはここからはじめてみるのでも構いません。暮らしのいろいろなところにある、やせポイントをうまく活用しましょう。

生活のなかに〝やせポイント〟がある！

睡眠の質はダイエットに直結する

ダイエットを実践していくうえで、食事、運動に並ぶ、もしかするとそれ以上に大切なのが「睡眠」です。

睡眠は、体を休めるだけではなく脳の休息という役割があります。私たちは1日を通じていろいろな情報を受け取ります。その整理を睡眠中に行うわけです。睡眠中は浅い睡眠「レム睡眠」と、深い眠りの「ノンレム睡眠」が一定のリズムで繰り返されています。では脳の情報処理を行っているのはどちらかわかりますか？ なんとなく浅い睡眠中にやっているのでは？と思う方が多いのですが逆です。深い睡眠の「ノンレム睡眠」中に脳はさまざまな情報を整理しています。

脳に限らず、整理整頓されていない状態ってすごく混乱を招きやすいですよね。たとえばクローゼットがぐちゃぐちゃ、机の引き出しには何年も前の書類と今日届いた書類が一緒になって入っている、カバンのなかからいつ買ったかわからない潰れたおにぎりが出てくる……そんな整理されていない状態だと欲しい服や書類、荷物がすぐに出せなかったり、同じものが何個も増えてしまったりと暮らしに無駄や混乱が起こります。

脳も同じ、さまざまな情報がきちんと整理できていないと食欲のコントロールができなかったり、脂肪も本当は捨てていいのに、「とりあえず溜めておこう」とおかしな指令が出て蓄積されてしまうのです。

食事や運動を頑張ってもなかなか結果が出ない人で、普段から眠りが浅い、睡眠時間が短いなど思い当たることがある場合は、まず睡眠環境を整えることからはじめてみましょう。

正しい睡眠ができていれば、一晩で250〜300キロカロリーが消費されます。寝不足で歩いたり走ったりするよりずっと効率がいいんですよ。

寝る前にちょっとの糖質をとろう

ベッドタイムスナック

しっかりノンレム睡眠をとるには、入眠30分後の睡眠がポイントです。ここが浅いとその後の睡眠も浅いまま。しっかり入眠30分後に深い睡眠ができていることが大切。そして、その助けをしてくれるのが糖質。糖質を取ると血糖値が上がりますが、インスリンの働きで徐々に下がっていきます。このときに眠気がくるというのが睡眠のしくみをいかすために、眠る1時間くらい前にちょっとの糖質をとることを「ベッドタイムスナック」といいます。カロリーの目安は150〜200キロカロリー程度。これから、寝ている間に消費されるので太る心配はありません。

これがおすすめ！

バナナ&ハチミツ&ヨーグルト

おすすめは、ヨーグルト（120g）にバナナ1本とハチミツ小さじ1杯を入れたもの。これなら170キロカロリーくらいです。眠れるおやつとして、味方につけましょう！

太陽を浴びることで
睡眠にスイッチの切り替えを

朝太陽を浴びることも睡眠の質を向上させることにつながります。睡眠にはメラトニンというホルモンが関わっていて、このメラトニンが朝止まって夜に向かって分泌が増えていくというリズムになっていることが大切。

私たちの体は、朝、起きて太陽の光を浴びると体内時計がリセットされて、メラトニンの分泌が減り活動モードに入ります。そして、そこから14～16時間経過すると再びメラトニン分泌が増えていきます。7時に起きて太陽を浴びたとしたら、ちょうど21時くらいから再びメラトニンが分泌されて眠くなるわけです。

寝る前にスマホを見たり、強い光を浴びたりすると脳を覚醒してしまうので睡眠の妨げになります。寝る前の過食も消化活動によって眠りが浅くなります。

脳幹ほぐしダイエットは、無意識を大切にしていますが、睡眠はどんなに「眠ろう眠ろう」と思ってもダメで、それが余計に眠れない原因にもなります。無意識だけで自然に睡魔がくることが大切。意識と無意識が結果にどう結びつくかがとてもわかりやすいので、ぜひ無意識に眠れる習慣を取り入れましょう。

入浴で大事なのはリラックス お風呂頑張りすぎは禁物！

よく、「やせるために入浴中は何をしたらいいですか？」と聞かれます。僕はこう聞かれると、「入浴中はきちんと温まって、リラックスするだけで十分です」とお答えします。頑張ろうとする気持ちはすごく素晴らしいと思いますが、お風呂に入ってまでマッサージしたりエクササイズしたりする必要は、僕はないと思っています。そこで頑張りすぎて逆に疲れて睡眠に影響が出たり、お風呂上がりに余計なものを食べてしまったりするほうが本末転倒。お風呂くらい、ゆっくり入って、心身ともにリラックスさせてあげてください。

ひとつアドバイスするとしたら、きちんと湯船に浸かること。理想はぬるめのお湯で15～30分がおすすめ。体が内側からしっかり温まると、内臓の機能も活性化して、脂肪も柔らかくなります。そうすると、眠る前にちょっとゆらゆら運動をするだけでも、脂肪を減らしてくれることに役立ちます。

就寝の1時間前くらいに入浴すると、体温が少しずつ下がって深い睡眠にもつながります。

カイロをうまく使うとダイエットが効率よく進む

体重がなかなか落ちない、体がいつも冷えているという人は、基礎代謝が低下しているサイン。とくに食事制限を厳しくしすぎると、食事による代謝が落ちるため実は冷えやすくなってしまうので注意です。

そんなときにおすすめなのが、カイロです。外側から体を温めると基礎代謝量アップ、内臓機能の活性化するなどダイエットによい効果をもたらしてくれます。体温が1度上がると、免疫力が12％アップするといわれているほどです。

だからといってやみくもに貼る必要はなく、いくつかのポイントがあります。まず温める場所は、「肝臓」と「腎臓」、そしてお尻です。肝臓は、血流が多い臓器なので温めることで効率よく代謝アップができます。腎臓は、体の不要物を排出する役割で臓器のなかでもエネルギー消費の高い臓器。腎臓を温めてきちんと機能させてあげると、デトックス力が上がります。運動してもなかなか体重が落ちないという人は、お尻まわりの筋肉が硬くなってしまったことで、基礎代謝を損している可能性がありますから温めてゆるめることが大切です。

カイロを貼る場所、貼り方のポイント

カイロは、朝、食事を終えたあとに貼りましょう。夜貼ると、睡眠と体温のリズムを狂わせるので注意。また、やけど防止のため肌に直接貼らないように注意してください。心臓や男性器周辺は温めることでよくない影響を与えるのでNGです。熱くなりすぎた場合はすぐにはがして、快適にカイロを使いましょう。

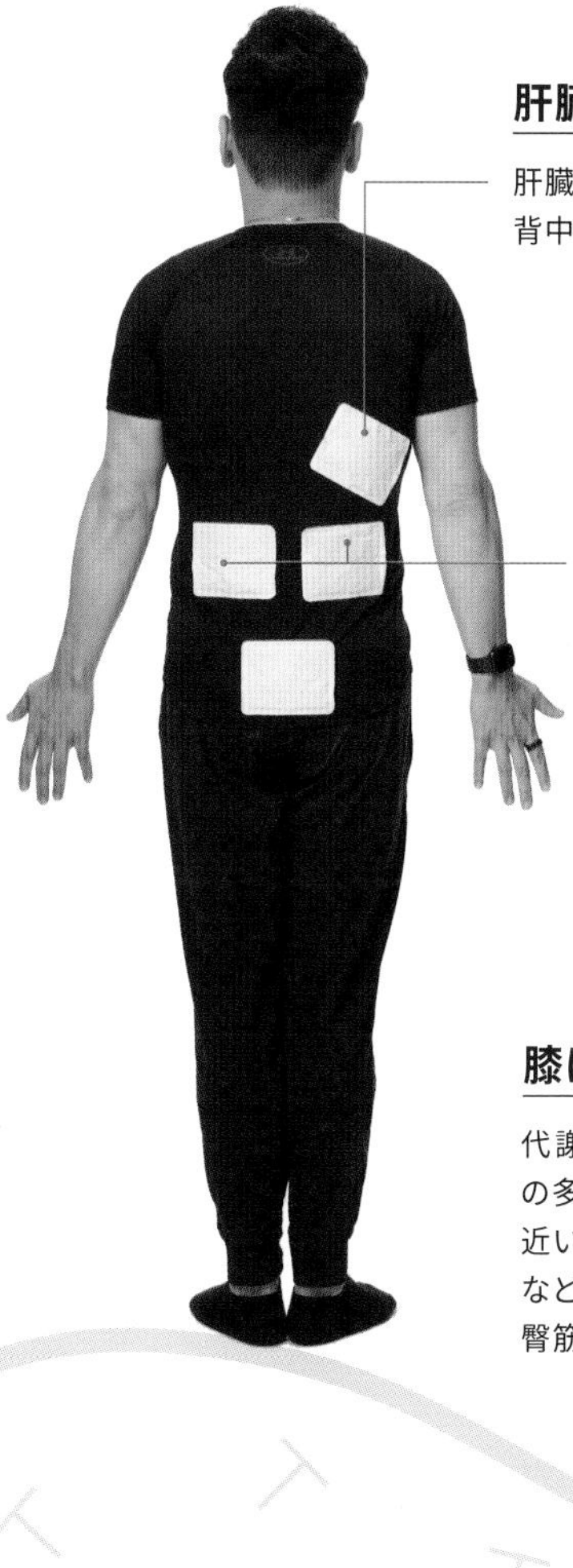

肝臓に貼る

肝臓は、右の胸の下にあります。背中側に貼りましょう。

腎臓に貼る

腎臓は、両腰の部分にあります。おへそから指2～3本下の背中側に貼りましょう。この付近に貼ることで腰回りの筋肉を温めて腰痛などの改善にもつながります。

膝に貼る

代謝を上げるには筋肉量の多い太ももの前側、膝に近い部分がおすすめ。腰痛などがある場合は、お尻の臀筋に貼りましょう。

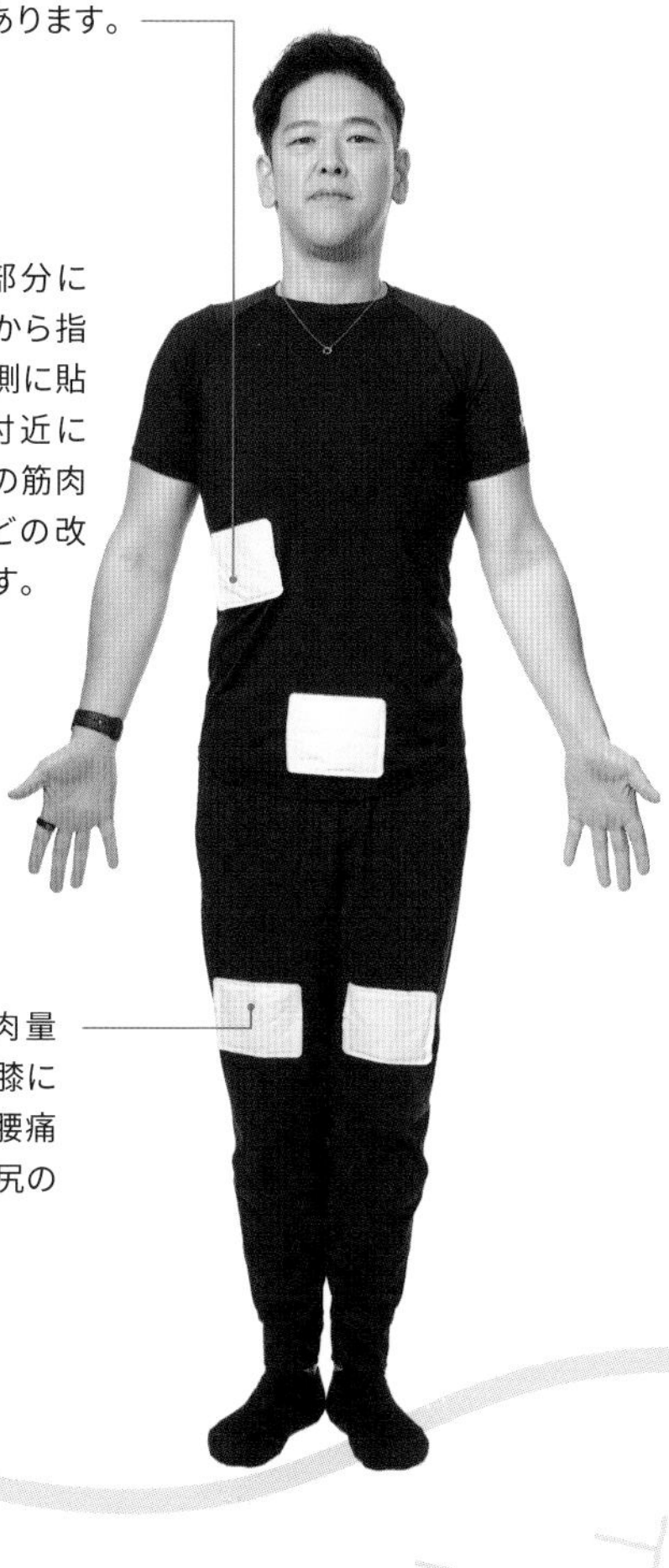

食生活の質を高めよう

キケンな食べ物を避ける

ダイエット中の食事は、ストレスになりすぎないように習慣化しながら改善していくことが大切です。

そんな、〝ゆるくダイエット〟がテーマの僕ですが、これだけはできれば避けていただきたいものがいくつかあります。それは、人工甘味料が使われた食品、加工食品、ジャンクフードです。

ダイエット中なら当たり前に避けるべきものではありますが、ではなぜダメなのかわかりますか？　ただカロリーが高いからだけではありません。こういった食品は、脳幹にエラーを起こさせる原因になるからです。人工甘味料はカロリーこそ低いものの、血糖値を上げない甘さなので、いくら食べても満足することがないのです。ジャンクフードや加工食品は、ハイカロリーに加えて非常に中毒性の高い食品です。

ここを脱することができないと健康的なダイエットはなかなか進みにくいので、うまくコントロールできるようになりましょう。

脳を暴走させるキケンな食べ物

加工食品

加工食品のなかでもとくに注意したいのがハムやウインナー、ベーコンといった加工肉です。調理が手軽なのでたんぱく源として頼りにしている人もいるかもしれませんが、加工の過程でさまざまな成分が添加されていて消化に時間がかかり、脂質もかなり高い食品ですから、これを食べているとなかなか体重が落ちません。また、ひき肉も加工肉で、食感をよくするために脂を添加しています。

ジャンクフード

スナック菓子、ファストフード、甘いドリンクなどのジャンクフードは、一度口にすると「また食べたい!」と中毒のような症状が起こります。急激に血糖値を上げたり、脳に刺さるような甘さで脳を混乱させます。

人工甘味料

糖質ゼロ、カロリーゼロなのに甘い。そんなお得な食べ物が世の中にはたくさんあります。一見、ダイエットにはすごくよさそうですが、こういった人工的な甘さというのは、体が甘いと感じているのに血糖値が上がらないので、インスリンも分泌されません。私たちが満腹を感じたり、食欲を抑えるためには、インスリンがある程度出ることが大切。人工甘味料にはこれがないので、甘いと感じているのに満足度がなくて、もっと食べたい、食べても大丈夫!という状態になってしまいます。

置き換え食はストレスにならない程度に

牛乳を豆乳に、チョコレートは高カカオのものを、白米を玄米になど、ダイエットをするといろいろな食品をヘルシーなものに置き換えしますよね。もちろん食事面をみればよいことですが、これがストレスになっていないか自分の心に聞いてみましょう。本当は白米が食べたいのに、玄米で我慢しているとしたら、それはいつか我慢の限界がきて白米の爆食いにつながるかもしれません。時々は好きな白米を楽しむなどストレスケアしながら行いましょう。置き換えでたくさん食べるよりも本当に食べたいものを少しいただくほうが満足感が高いこともありますよ。

食べ過ぎを防ぐ方法を知っておこう

ダイエット中、どうしてもお腹が空いてしまうということもありますよね。とくに16時間断食などをしていると、最初のうちは空腹に慣れずにつらいと感じてしまうこともあるかもしれません。もちろん、最初から完璧は目指さなくていいので、お腹が空いてつらいと感じたらナッツなどを軽く口にしてもOKです。

ただし、やはり空腹に慣れることもダイエットの習慣化には必要ですから、「食べたい！」と思ったとき、その気持ちを食事以外の方法で沈めるテクニックを持っておくと、いざというときに困りません。

気を紛らわす方法には、たとえば運動をする、お風呂に入るなど、別のことを先にしているうちに自然と空腹が気にならなくなるといった、行動を変えて気分を変える方法がありますが、これには時間もかかりますし、じゃあ運動がしたいか？というとそうでないときもあるので、ちょっとハードルが高めです。

そこでおすすめなのはおでこを叩いたり、食べる前に6秒間置いたりするなど、時間もかからず思い立ったときにすぐできる方法です。

いろいろ試してぜひ自分の切り替え方を見つけましょう。

お腹が空いた！　そんなときの意識の切り替え方法

おでこをポンポンする

脳のおでこの部分にある前頭葉は、いろいろな選択をする役割があります。私たちは暮らしのなかで、いろいろな物事を決めていきていますから、この前頭葉はとても疲れやすく、ときに正しい判断ができなくなるときがあります。もし、食があるな、何か食べたいなと感じたら、この前頭葉を刺激するようにおでこをトントンと叩くと前頭葉が活性化し、正しい判断をくだせるようになり、おかしな食欲も抑えられるでしょう。

食事の前に6秒おく

「6秒カウント」と呼ばれるもので、もとは怒りをコントロールする「アンガーマネジメント」の方法です。6秒間時間をおいて別のことに意識を向けることで、心や欲望の暴走にセーブをかけるというもの。例えば、お腹が空いたから何か食べようと思ったときに、食事を前に6秒間、別のことを考えてみましょう。食欲一辺倒だった心が落ち着いて、食べ過ぎを防ぐことができます。

食事のあとは歯磨きをする

これは少しアクションが必要ですが、意外に効果的なのでぜひ習慣化してほしいものです。食べたら歯磨きをする。それだけで、食事の時間が明確にリセットされるので、お腹が空いても「さっき歯磨いたばかりだからな」と、一瞬違うことに考えが向いて食欲にストップをかけることができます。食後に歯磨きを習慣にすれば、食欲もコントロールできて、歯も健康になる。一石二鳥です！

自分の気持ちや行動を記録しよう

メモに残すことで客観的に行動・考えを見返すことができる。

僕が123kgからおよそ60kgのダイエットに成功したきっかけが、「自分が太るのにはきちんと理由があった」ということに気づいたときです。

例えば食べ過ぎてしまう自分に対して、「もしかしてこれが原因？」という気づきに基づき、行動を変えたところ、思っていたような結果が得られると、「そうか、これが理由だったか！」とアハ体験ができます。

そのためには日頃から自分の行動、心の状態をメモに残しておくことをおすすめします。世の中にはレコーディングダイエットというものがありますが、これのもったいないところは食べたものだけ記録するところ。なぜそれを食べたのか、食べたときの気持ちはどんな状態だったのかを残しておくと、食欲とのつながりが見えてきます。

もう一つがデイリー・ムード・チャートです。これは、毎日の感情を自分なりに評価して記録するもの。ネガティブな感情もしっかり書き出すことで、それ自体がストレス発散にもなり心の整理整頓ができます。

次のページから、藤田流レコーディングダイエット、デイリー・ムード・チャートを紹介しています。あなたのダイエットを助けるヒントになりますから、ぜひ毎日の自分のいろんなことを記録してみてください。

ダウンロード

RECORDING DIET

レコーディングダイエット

１日の食事の記録を、そのときの感情や行動とともに残しましょう。たとえば、「テレビで見たコンビニのスイーツが食べたくなって買った」など、なぜそれを食べたか、そのときはどんな気持ちだったのかといった状況、感情も残します。あとで見返すと、「私はこんなときに食べ過ぎる傾向があるな」などと、自分のダイエットライフの気づきが得られるはずです。

レコーディングダイエットのやり方

→ P121

食事記録		食べた時の感情
朝食 時間 8：00	なし	昨日遅くまで起きていて寝坊して時間がなくて食べられなかった……
昼食 時間 13：00	ラーメン＋半チャーハン	先輩に怒られてイライラし、朝ごはん抜きでお腹も空いたので好きなもの食べて発散！
夕食 時間 22：00	カップラーメン、鮭のおにぎり、プリン	今日も残業頑張ったのでご褒美にコンビニで見つけた新作デザート買っちゃった。
間食	チョコレートクッキー５枚、グミ１袋、カフェラテ２杯	１日会社で黙々と事務作業だったので、そのお供に。あんまり食べた記憶ないけど、結構食べてた……

デイリー・ムード・チャートの書き方

→ P122-123

私たちの感情は日々いろいろなことで上下しています。そんな毎日の気分をチェックできるのがデイリー・ムード・チャート。その日の感情を午前と午後にわけて、10段階で評価。一緒に、なぜその評価になったのかを記入しておくと、自分がどんなことでストレスが溜まるのかなどの傾向も見えてきます。

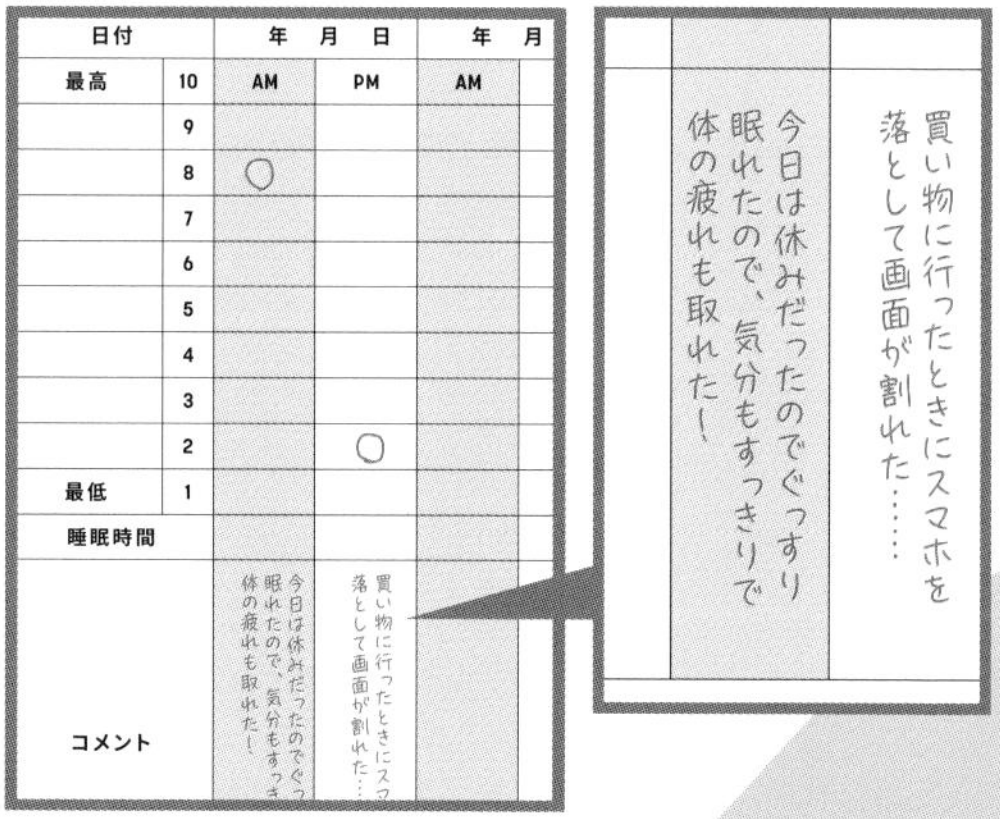

食事記録	食べた時の感情
朝食 時間 ：	
昼食 時間 ：	
夕食 時間 ：	
間食	

食事記録	食べた時の感情
朝食 時間 ：	
昼食 時間 ：	
夕食 時間 ：	
間食	

食事記録	食べた時の感情
朝食 時間 ：	
昼食 時間 ：	
夕食 時間 ：	
間食	

DAILY MOOD CHART

デイリー・ムード・チャート

RULE1

日々の気分の変化を毎日記録していくもの。それぞれどんな気分だったのかを10点満点で採点してください。「これ以上ないほど最低の気分」は1点、逆に「これ以上ないほど最高の気分」は10点です。

年　月　日		年　月　日		年　月　日		年　月　日	
AM	PM	AM	PM	AM	PM	AM	PM

PART 4

ダウンロード

RULE2

気分の変化に影響を与えた出来事がはっきりしている場合は、その内容をコメント欄に書き込んでください。例：お酒飲みすぎた。友達と喧嘩した。などなど。特になければ空欄でも構いません。

日付		年　月　日		年　月　日		年　月　日	
最高	10	AM	PM	AM	PM	AM	PM
↑	9						
	8						
	7						
	6						
	5						
	4						
	3						
↓	2						
最低	1						
睡眠時間							
コメント							

ダイエットがつらくなくなる
藤田語録

体温が1度上がれば
基礎代謝量は
12%増えます

ダイエットは
3日坊主でいい。
1日で向かないと
思ったらやめていい!

運動を
しなくても
やせられ
ます

我慢するダイエットより行動からやせる脳づくりを！

ダイエットの敵は
フライドチキンではなく
ストレスです

ダイエットが成功しないのは
自分がダメな人間
だからではありません

押して
ダメなら
引いて
みればいいんです

うまくいかない理由を
一つずつつぶして
ダイエットの精度を
高めていきましょう

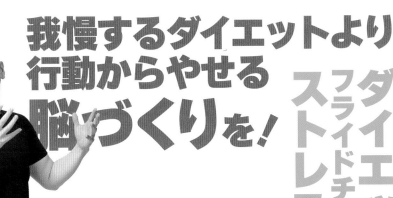

おわりに

ゆるく続けられることを見つけていけば必ずやせられます。
難しいことはしなくていい！

ダイエットは意志ではなく習慣でこそ変わる。

脳幹ほぐしダイエットは、つらい根性論から解放されて、ストレスを感じずに無意識でダイエットによい行動を習慣にしていく方法です。

「意識が高いね」というのは、褒め言葉として捉えられがちですが、それは意識が低くなったらやせられないということ。意識なんて高くなくてもいい、続けられる習慣があれば、無意識のうちにどんどんやせていけます。

意識が低い人でも、ズボラさんでも、ちょっと行動に先手を打つことで、今までの「おデブ習慣」を「やせ習慣」へと切り替えることができます。

16時間断食をしてみる、ゆらゆら運動を取り入れてみる、体は動かさなくてもいいけど一応ウォーキングウエアに着替えてみる、食事の前には6秒時間をおく……など、この本ではさまざまなダイエット習慣につながる手法をご紹介していますが、すべてが最初からできなくて当然。できることからはじめればＯＫ。

一番の敵は、「やりたくないことをしている」というストレス。これを感じたら、どれだけダイエットによい習慣だとしてもあなたには不向きだということです。トライ＆エラーを繰り返すうちに、自分にとっての「無意識のやせ方」が身についていきます。

行動を変えると結果が変わって、それが「アハ体験」となり、どんどんやせる習慣が身に付きます。ダイエットが楽しいと思ったら大成功です。

僕は今、その領域に入ったなと実感しています。運動しないとなんだか落ち着かない、やせ我慢ではなく自然と太らない食べ物を手にとるようになっています。そして、時々食べ過ぎる日があっても気にしない！　なぜなら習慣でやせられるから。こういった気持ちの切り替えも長続きの秘訣です。

頭で考えずに行動で脳幹をほぐして、ゆっくりと理想の自分に近づきましょう。

すべての人のダイエットを、応援しています。

ダイエット整体師　藤田翔平

［制作スタッフ］

装丁・本文デザイン	赤松由香里（MdN Design）
撮影	永山昌克
漫画・イラスト	宮部サチ
取材・構成・編集	藤田都美子
ヘアメイク	大西花保
校正・校閲	加藤優
企画編集	石川加奈子
協力	UTUWA

腰を振るだけで-62kg!
怖いくらい脂肪浄化する　脳幹ほぐし

2023年3月1日　初版第1刷発行

著者　藤田翔平
発行人　山口康夫
発行　株式会社エムディエヌコーポレーション
〒101-0051　東京都千代田区神田神保町一丁目105番地
https://books.MdN.co.jp/
［発売］　株式会社インプレス
〒101-0051　東京都千代田区神田神保町一丁目105番地
［印刷・製本］　シナノ書籍印刷株式会社

Printed in Japan

内容に関するお問い合わせ先
info@MdN.co.jp

【カスタマーセンター】
造本には万全を期しておりますが、万一、落丁・乱丁などがございましたら、
送料小社負担にてお取り替えいたします。お手数ですが、カスタマーセンターまでご返送ください。

落丁・乱丁本などのご返送先
〒101-0051　東京都千代田区神田神保町一丁目105番地
株式会社エムディエヌコーポレーション カスタマーセンター
TEL：03-4334-2915

書店・販売店のご注文受付
株式会社インプレス　受注センター
TEL：048-449-8040／FAX：048-449-8041

ISBN978-4-295-20465-7　C2077